책 백 권 읽고 하게 된 수수방관 육아
그리고 성공한 엄마표 영어

차례

Prologue 내가 책 백 권 읽은 이유, 그리고 알게 된 3가지   6

1장. 꿀팁 가득한 단톡방   20

꿀팁 가득한 단톡방 / 돼지 엄마, 여우 엄마 누가 더 기가 셀까? / 기둥에 묶인 코끼리 / 외동은 사회성이 부족? 흔들리는 조리원 동기 모임 / 엄마 모임의 불문율

2장. 흔들림 없이 아이를 성장시키는 수수방관 육아: '그로우 씽킹'으로 키우는 '그로우 트리'   44

엄마가 불안할 때 / 금 같은 시간을 뺏는 엄마, 주는 엄마 / 수수방관 / 그로우 트리Grow Tree / 구체적인 메시지: 하나의 지침을 만들어 실천하라 / 그로우 씽킹Grow Thinking / 아이를 영재로 키운 부모의 진짜 비밀 / 아이가 스스로 꿈을 찾는 유일한 방법

수수방관 육아 연습 '그로우 씽크'로 '그로우 트리'를 키우는 수수방관 육아

3장. 그날 내가 꿀팁 가득한 단톡방을 나간 이유,
그리고 성공한 엄마표 영어   112

그날 내가 꿀팁 가득한 단톡방을 나간 이유 / 자발적 아싸맘 / 자발적 아싸맘! 엄마표 영어를 시작하기로 결심하다 / 엄마표 영어책 수십 권을 읽고도 실패한 이유 / 엄마표 영어 성공을 위해 뇌에 대해 알아야 할 3가지 / 엄마표 영어 시작하기 전 주의해야 할 2가지 / 스티키 스토리 영어 습득법 1단계: 영어=놀이 / 스티키 스토리 영어 습득법 2단계: 이미지 듣기 > 스토리 읽기 / 스토리가 스티커처럼 뇌에 붙는 이유 / 영어책의 레벨과 종류 / 책 레벨을 높이는 방법 / 영어 거부 시기를 슬기롭게 보내는 방법 / 아이의 학업과 미래에 보험을 들자 / 아이와 엄마는 한 팀이다 / 엄마표 영어 성공을 위해 아이와 부모가 가야 할 길

4장. 나는 모든 엄마 스트레스에서 해방된다   198

나는 여우 엄마였고, 백조 엄마였고, 돼지 엄마였다 / 단톡방의 그녀가 당신을 통제하려 한다면 / 나와 아이의 내일을 기대하게 만드는 3가지 방법

Epilogue 아이와 단 한 권의 책만 읽을 수 있다면   216
참고 문헌 및 사이트   220

Prologue

내가 책 백 권 읽은 이유, 그리고 알게 된 3가지

나는 대학에서 국어교육을 공부했다. 내 아이가 아닌 다른 아이들의 성적은 쑥쑥 올려준 경험도 있다. 첫아이가 초등학교에 입학하고 아이와 함께 영어 학원에 갔다. 아이의 리딩 레벨이 낮아 영어 학원에 다닐 수 없었다. ABC도 안 가르친 나는 내 아이를 내가 망친 것 같다.

집으로 돌아가는 길 아이는 무슨 생각을 했던 것일까? 아이는 눈물을 흘렸다. 나는 가만히 그 길을 함께 걸었고, 모두 잠든 밤 맥주 한 캔으로 쓰린 마음을 달래 보려 했지만, 그날 내 심장은 아이가 울었던 골목 바닥에 떨어져 한참을 혼자 울었다.

첫아이 8살, 둘째 아이가 태어나고 나의 육아는 실패했다고 생각했다. 세상에 육아에 실패해도 되는 엄마는 없다. 그때부터다. 나는 책 속에 답이 있다고 말하곤 했는데, 실천한 적은 없었다. 육아서, 엄마표 영어서, 시중에 나온 책은 다 읽고 성공과 관련된 자기 계발서로 이어 나갔다.

책 속에 답이 있었다. 아이의 손을 잡고 끌던 내 손을 놓았다. 가야 하는 길이 있다면, 내가 먼저 뛰어가 보고 도착한 아들에게 얼마나 힘들었을지 공감해 줬고 때론, 미끄러져 내려가야만 한다면 내가 더 밑으로 내려가 기다렸다. 아이가 힘든 날, 고개 숙인 얼굴에 웃으며 말해 줄 수 있었다. 엄마가 여기 있다고…….

막막한 엄마의 길에서 나를 구해준 건 100권의 책 속에서 찾은 성공한 사람들의 핵심을 찾는 통찰력과 실행력이었다. 나는 다른 사람이 되어 가고 있었다. 나는 3년 만에 내가 생각했던 것을 이루게 되었다. 출발선이 같지 않은 인생에서 모든 게 다 내 탓일 수 없었다. 아이는 있는 그대로 소중하고 존중받아야 했다. 육아에 실패라는 것은 없다. 언제나 길은 있다.

나의 일상을 기록한 SNS에서 나의 이야기가 위로되고 도움이 된다는 고마운 사람들이 있다. 출간 제안을 받았고 책을 쓰는 계기가 되었다. 말도 안 되지만 3년 전의 나에게 이 책이 전해질 수 있다면 하는 바람으로 책을 썼다.

이 책을 3년 전의 나처럼 육아 스트레스로 지친 엄마가 있다면 전해주고 싶다. 성공한 자들에게서 찾은 아이 잘 키우는 방법을, 뇌 과학에서 찾은 영어 습득 공식을. 그리고 아이들을 마케팅의 수단으로 생각하는 그들에게 말한다. 우리 엄마들은 내 아이를 레벨로, 숫자로 나누라 허락한 적 없다.

이 책은

흔들림 없이 아이를 성장시키는

수수방관 육아에 관한 이야기

여기 아기를 안고 어디론가 가야 하는 여자가 있다. 이미 시동이 켜진 자동차에 앉아 울퉁불퉁한 좁은 길을 가다 보면 4차선 도로처럼 반듯하게 닦인 도로를 달리고 싶다는 생각뿐이다.

이정표를 찾아 고속도로를 찾았다. 얼마지 않아 캄캄한 터널을 지날 땐 끝을 모르겠고, 갈림길에서 지름길을 선택한 그 여자는 다시 구불구불한 1차선 도로를 지나 계곡 앞에 다다른다. 이제 차를 세우고 그 계곡을 아이와 함께 건너야 한다.

세상의 모든 엄마 이야기다. 그녀들은 아이를 낳고 한 번도 가본 적 없는 엄마의 길을 가야 한다. 새로운 길을 떠나야 한다는 것조차 몰랐다. 나에게 엄마라는 임무가 생겼고, 아이를 잘 키우고 싶다는 생각은 빨리 출발해야 뒤처지지 않을 것 같다는 확신만 준다.

시작과 동시에 출발한다. 이 여정이 힘든 이유는 어디로 무엇을 보고 가야 할지 모르기 때문이다. 우리가 출발이 늦더라도 차에 앉아 이미 켜져 있는 시동을 끄고 어디로 무엇을 보고 가야 할지 알고 출발했다면 상황은 달라졌을 것이다. 괜찮다. 세상 어떤 길이건, 잠시 쉬어갈 수 있는 길은 있다. 잠시 시동을 끄고 내가 가야 할 길을 알고 다시 출발하자.

요즘 같은 시대에 정보가 부족해 육아가 어렵지는 않다. 그런데 왜? 우리의 육아는 고민과 후회로 가득할까? 우리는 미래를 알 수 없다. 내가 가는 길에 확신과 믿음이 없으니, 누군가 좋다고 말해주는 길을 따라 이길 저길 가다 보면 길을 잃고 헤맨다. 오히려 많은 육아 정보는 엄마를 혼란스럽게 한다.

육아의 본질은 무엇일까? 바로 돌봄이다. 나는 책 100권을 읽고, 부모가 아이에게 편안한 돌봄을 제공하기 위해서는 가족 구성원 모두에게 일관되게 적용할 수 있는 하나의 지침이 필요하다는 것을 알게 되었다.

사람은 태어날 때부터 가지고 있는 자신만의 특성이 있는데 이것을 '기질'이라고 한다. 부모는 아이의 기질은 수용하면서 '일관된 양육 태도'로 행동해야 한다. 그래야 아이의 불안한 마음이 부모의 안정된 마음을 만나 편안한 정서를 가진 마음으로 클 수 있다. 이것이 바로 편안한 돌봄이다.

나는 교육학 전공 지식과 육아서적 속 정보를 통합하고 연구해 아이 연령별 핵심 발달과제 한 가지를 찾고, 목표를 정했다. 이와 함께 부모가 일관된 양육 태도를 유지할 수 있도록 '핵심 가치'를 정해 실천하는 육아법을 만들었다. 부모는 일관된 양육 태도로 아이를 대하며 편안한 돌봄을 제공하고 아이는 스스로 배우고 익힐 시간을 가지며 성장하는, '그로우 씽킹Grow Thinking'으로 키우는 '그로우 트리Grow Tree'라는 '수수방관 육아'이다. 여기서는 간단하게 몇 문장으로 적어보겠다.

하지만, 이런 육아법보다 더 중요한 한 가지가 있다. 완벽한 엄마가 아니라도 아이를 사랑하는 마음만 있으면 아이를 잘 키울 수 있다는 믿음이다. 내 아이만 바라보고 아이의 속도에 맞춰 가다 보면 언제나 길은 있다.

❶ 그로우 트리Grow Tree : 아이가 시기별로 배워야 하는 핵심 가치

❷ 그로우 씽킹Grow Thinking : 삶에서 일관성 있게 지킬 핵심 가치

❸ 아이들의 행동이 문제가 되는 상황이 발생하면 수용할지 훈육할지를 위의 1, 2번을 순서대로 생각하고 결정해 일관성 있는 양육 태도로 행동한다. 아이는 스스로 배우며 성장한다.

이 책은
뇌가 영어를 습득하는 방법에
관한 이야기

나는 영어를 안 가르쳐 아이에게 상처를 준 엄마였다. 여전히 영어가 젤 중요한 공부라고 생각하지 않고, 영어를 꼭 잘해야 한다고 생각하지 않는다. 하지만 내가 영어 습득 공식을 만든 이유

는 하나다. 아이에게 두 번 다시 영어로 상처 주지 않겠다. 뒤처지면 안 된다는 두려움을 이용한 마케팅 때문에 3년 전의 나처럼 상처받는 엄마와 아이들을 돕고 싶다는 마음 하나였다.

영어를 습득하기 위해서는 아이가 영어를 공부하는 것이 아니라 영어라는 언어를 뇌가 받아들이고 기억해 처리해야 한다. 책 속의 내용은 영어 잘하는 한 아이의 성공담이 아니다. 뇌 과학을 통해 알게 된 뇌가 영어를 습득하는 방법과 함께 아이가 가야 하는 2단계의 길과 엄마가 가야 하는 5단계의 길을 제시한다. 이 방법으로 실천한다면 아이가 영어 유치원에 다니지 않아도 영어에 많은 돈을 들이지 않아도 영어를 잘할 수 있다. '영·알·못' 엄마가 해낸 일이다. 당신은 더 잘할 수 있다.

영어는 도구에 불과하지만, 어차피 해야 할 영어라면 아이에게 상처 주지 않고 습득할 수 있는 방법을 찾아 실천하자. 자세한 내용은 본문에 실려있지만, 영어 습득의 핵심이 되는 한 가지만 미리 알아 두자.

인지심리학자 제롬 브루너 Jerome Bruner는 사람이 받아들이는 정보중 스토리를 통한 정보는 22배나 더 잘 기억한다고 한다. 이는 언어에도 똑같이 적용될 것이다. 영어를 스토리로 들려주는 것은 뇌가 영어를 효과적으로 습득하는 방법이 될 것이다. 나는 내가 만든 영어 습득 방법을 '스티커Sticker'처럼 뇌에 달라붙어 떨어지지 않는 스토리로 습득하는 영어란 뜻에서 '스티키 스토리 Sticky Story 영어 습득법'이라고 이름 붙였다.

모든 이야기에 발단-전개-위기-절정-결말이 있듯 위기가 오고 실패하고 다시 시작할 때 절정이 오고 행운이 찾아온다. 영어를 못하는 엄마라도 아이를 위해 실패를 견디고 다시 시작할 마음만 있다면 아이가 영어를 잘하게 되는 행운이 당신에게 올 것이다. 당신과 아이에게 실패할 자유만 준다면 이제, 영어로부터 자유로운 아이를 키워낼 사람은 바로 당신이다.

❶ 아이가 가야 할 길

1단계 영어=놀이   2단계 이미지 듣기 ⋯ 스토리 읽기

❷ 엄마가 가야 할 길

시작하기 ⋯ 실천하기 ⋯ 실패하기 ⋯ 반복하기 ⋯ 성공하기

이 책은

엄마 스트레스에서

벗어나는 법

이 책은 자서전이 아니다. 하지만 내 이야기를 하는 이유는 하나다. 모든 일에는 공식, 즉 방법이 있다는 것이다. 그런 공식을 찾는 일은 천재나 대단한 학위를 가진 사람이 찾는 것이 아니라는 것을 말하고 싶다. 나는 육아 8년 차 내 육아가 실패했다고 생각한 뒤 이 사실을 떠올릴 수 있었고 그때부터 책 100권을 읽으며 육아법과 영어 습득법을 연구하고 실천해 원하는 것을 이루었다.

이 책에 나온 '수수방관 육아법'을 참고해 '나만의 핵심 가치'를 찾아 '나만의 육아법'을 만들어 실천해 보길 추천한다. 세상의 모든 부모와 아이는 각자 개성이 있고, 원하는 바가 다르다. 나의 이야기를 통해 평범한 사람도 나만의 공식을 만들어 삶을 극적으로 변화시킬 수 있다고 믿길 바란다.

공부 싫어하는 아이가 어디 내 아이뿐이겠는가? 이유 없이 짜

증 내고 우는 아이가 우리 집에만 있고 내 신경을 거스르게 만드는 그녀가 나의 엄마 모임, 나의 단톡방에만 있는 것이 아니다. 하지만, 우리는 그런 평범한 육아가 힘들고 힘듦에 공감할 수 있다.

내가 찾은 육아법에는 공부 싫어하는 아이를 영재로 만드는 방법, 우는 아이를 울지 않게 하는 방법, 내 신경을 거스르는 그 엄마를 바꿀 방법은 없다.

이 책에서 나는 3가지에 답을 내렸다.

첫째, 흔들림 없이 아이를 성장시키는 육아법

둘째, 뇌가 영어를 습득하는 방법

셋째, 엄마가 해야 할 일과 할 필요가 없는 일에 대한 구분

쉼이 없고 힘든 육아 일상에서 3년 전의 나처럼 부족한 내 탓을 하는 엄마가 있다면, 이제 그런 생각은 하지 말자. 엄마는 완벽하지 않지만, 사람을 키워내는 세상에서 가장 위대한 일을 하는 사람이다. 조금 부족해도 내 아이를 사랑하는 마음 하나면 아이를 잘 키울 수 있다는 불변의 진리를 믿자.

1장

꿀팁 가득한 단톡방

돼지 엄마, 여우 엄마 누가 더 기가 셀까?

기둥에 묶인 코끼리

외동은 사회성이 부족? 흔들리는 조리원 동기 모임

엄마 모임의 불문율

꿀팁 가득한
단톡방

Chapter 1

꿀팁 가득한 단톡방

2020년 3월 초등학교 입학식 때 신기 위해 샀던 운동화는 아직도 밑동이 깨끗하다. KF94라는 숫자가 찍힌 마스크는 누구보다 빠르게 클릭해도 사기 힘들다. 초등학교 첫 수업을 위해 몇 년 동안 방치해 뒀던 컴퓨터를 켰다. 인터넷이 문제인가? 컴퓨터가 문제인가? 다음 달 카드 명세서엔 노트북 명목의 할부금이 찍힌다.

따르릉 전화벨이 울린다. "4월 26일 입소하시는 거 맞나요?" 조리원 입소 날짜를 확인하는 전화다. 나는 친정엄마와 아이에게 노트북 사용법을 알려주고 둘째 아이를 출산하러 간다. 따르릉 조리원 스케줄의 알람보다 내 전화기의 벨이 더 많이 울린다. "어미야, 안된다. 뭐가 안된다.", "엄마, 다음 주부터는 나 진짜 초등학생 된대."

뉴스에는 격일 등교하는 것으로 찬반 토론이 열띠다. 앞으로 엄마 껌딱지 중에 최강 껌딱지로 등판하는 둘째 딸아이와 함께 나는 집으로 돌아온다. 남편은 존재감이 없다.

진짜 초등학생이 되었다는 첫째를 데리러 아기 띠를 장착하고 학교로 간다. 첫째와 같은 유치원 출신 아이인 영재 엄마를 만났다. 그날 나는 꿀팁 가득한 단톡방에 초대됐다.

그 방엔 꿀 정보가 가득하다. 필수적으로 풀려야 하는 문제집 정보부터, 영어 학원의 레벨 테스트, 수학학원 입학시험까지. 나는 대학에서 국어교육을 공부했지만, 아이들을 가르친 경험도 있지만 그 방에서 내가 할 수 있는 건 눈팅이다.

KF94 마스크 안이 축축해진다. 우리 지역으로 수많은 의료진이 왔다. 잠깐 전 세계를 걱정하다 "엄마, 나 더워."하는 아이의 소리에 뒤를 돌아본다. 평소 같으면 같이 아이스크림 하나씩 물고 놀이터로 갔겠지만, 아직 코로나는 놀이터를 허락하진 않는다. 하지만 아이들은 하나둘 학원으로 다시 모여든다.

"나는 영어 싫어."

"나는 학원도 안 갈 거야, 그 학원도 나보고 오지 말라며."

꿀 정보가 가득한 단톡방에도 영어 싫다는 아이를 좋아하게 만드는 방법은 없다.

"공부 안 하면 뭐 할 건데? 학생은 공부하는 거야."

내가 싫었다. 나는 다르다고 하며 산으로 들로 아이와 함께 뛰어다니고, 집안 온 벽을 물감칠해도 행복했던 나는 어디 있지?

"엄마, 오늘은 왜 차 안 타고 왔어?"

"지하철 타고 집에 가자."

"오예~~ 엄마, 고마워. 오늘은 뭐 사달라 안 하고 그냥 집에 갈게."

아이는 가끔 지하철을 타고 집에 가고 싶어 했는데…… 그게 뭐라고…… 고맙다고 한다. 뜨끔하다.

'공부 안 하면 뭐 할 건데? 학생은 공부하는 거야.'

내 귓가에 내 목소리가 맴돈다.

"지하도에 내려가면 교보문고 서점이 있어, 가볼래?"

"엄마 거기 가면 포켓몬 빵도 팔아? 으히히히."

나는 중앙로 교보문고 에세이 베스트셀러 코너에서 책 100권 읽은 여자가 썼다는 육아 에세이 한 권을 샀다.

돼지 엄마, 여우 엄마
누가 더 기가 셀까?

엄마들의 인간관계는 아이의 초등학교 입학과 함께 새로운 국면을 맞이한다. 영어 잘하는 영재 엄마, 아이의 단짝 똑똑한 수재 엄마 내 취향이 아니라 단톡방의 서열과 아이의 취향에 따라 내 친구도 결정되었다. 단톡방엔 돼지 엄마, 여우 엄마, 백조 엄마, 눈팅족 등이 있다. 단톡방에 입성한 지 3개월 차 다훈이 엄마인 나는 여전히 눈팅족이다.

모태 영어의 선두 주자 영재는 오늘도 친구들에게 영어로 말한다. 알아듣지 못하는 친구들은 신기해하기도 하고, 추켜세우기도 하고, 무시하기도 하며 그들만의 서열을 세우는 것처럼 보

인다.

영재의 영어에 반기를 든 아이가 나타났다. 똑똑한 수재다.

"야, 여기는 한국이야. 너는 왜 자꾸 영어로 물어보고 답 못하면 웃는 건데?"

이내 영재 엄마는 수재를 한번 째려보며 휙 하고 아이의 손을 끌고 간다.

"수재야" 하며 아이의 이름을 부르며 총총걸음으로 달려온 수재 엄마도 아이의 손을 끌고 사라진다.

그날 밤 단톡방에는 평소보다 적은 숫자가 찍혀 있었다. 아이를 재우고 나도 노란색 화면으로 빨려 들어간다.

영재 엄마는 단톡방의 '돼지 엄마'다. 돼지 엄마는 공부 잘하는 아이를 등에 업고 자신을 정보의 젖 줄기로 자처하며 모임을 주도하는 엄마이다. 본인 스스로 모태 엄마표 영어를 했다며 모르는 영어 정보가 없다. 아이의 재능을 발굴해서 탄탄한 정보력으로 체계적인 학습을 시키는 '알파맘'이기도 한 영재 엄마는 아이의 미래를 이미 정해 두었다. 영재는 미래의 외교부 장관이라고 한다. 그에 맞춰 영재는 매일 영어로 된 연설문을 친구들 앞에서 읽는다. 그리고 오늘 영재의 영어에 반기를 든 아이가 타나 났다. 몇 년 전 드라마 스카이캐슬에서 본 듯한 이야기가 내 현실이 되어 내 눈앞에 펼쳐졌다.

> **수재 엄마** 혹시… 불소 학원 다니는 아이 있을까요? 이번에 아이가 경시 과정에 다니게 되었는데 정보 좀 얻고 싶어서요.

불소 학원은 초등 4학년~6학년 수학 과정을 가르치는 학원이다. 초1도 입학시험에 합격하면 그 학원에 다닐 수 있다. 결국 내 아이가 그 학원 입학시험에 붙었다는 자랑의 글이다.

수재 엄마의 정체는 '여우 엄마'다. 여우 엄마란 단톡방 정보에 관심 없는 듯하지만, 유용한 정보는 얻어 가면서 혼자서 실속을 챙기는 엄마를 의미한다. 아이는 공부를 잘하고, 엄마도 모르는 것이 없지만, 막상 물어보면 자기는 그런 교육열에는 관심이

없다고 하는 엄마 부류다.

보통 단톡방은 돼지 엄마가 공지 사항이나 정보를 보낸다. 그럼, 엄마들은 주로 '수고 많으세요', '너무 감사합니다.' 등등의 대화들을 주고받는다. 하지만 오늘 밤은 단톡방이 조용하다.

기둥에 묶인 코끼리

단톡방 수재 엄마의 영향이었을까? 수재 엄마의 불소 학원 입학에 관한 이야기가 나온 뒤 단톡방은 수학 공부와 관련된 이야기들이 넘쳐나기 시작했다. 필수적으로 풀어야 할 문제집 정보에는 사고력 수학, 교과 수학, 연산, 문장제 수학 등등…… 하루에 풀려야 할 수학 문제집만 줄이고 줄여 4권이다.

첫째는 학원에 대한 트라우마가 생긴 걸까? 학원은 태권도를 제외하고 절대 가지 않겠다고 한다. 엄마표 수학을 하기로 한다.

"연산 문제집은 1쪽당 1분 30초 안에 풀어야 해."

"아…… 하기 싫어. 공부 왜 해야 해?"

"지금 시간이 얼마나 지난 줄 알아?"

"싫어, 안 할래."

"그럼 이 문제집부터 풀어봐."

"싫어, 어려워."

"쉬운 것만 풀면 안 되지. 어려운 걸 풀어야 진짜 잘하는 거야."

아이의 눈이 빨개진다. 내가 또 무슨 짓을 한 걸까? 초등1학년이 4학년 과정을 공부한다는 이야기가 자극되었던 것일까? 나는 '빨리빨리'를 외쳤고, 아이는 점점 공부를 싫어한다.

그때, 내 아이가 끈에 묶여 있는 코끼리와 겹쳐 보였다. 다 성장한 코끼리도 작은 줄 하나로 기둥에 묶어둘 수 있는 방법이 있다. 그 방법은 새끼 코끼리를 어릴 때부터 움직이지 못하도록 끈으로 묶어두는 것이다. 성년 코끼리는 쉽게 끈을 끊을 수 있지만, 어린 시절부터 끊으려는 노력이 반복적으로 실패하면 성년 코끼리가 되어도 자신은 끈을 끊을 수 없다고 믿게 되어 끈을 끊지 않는다. 실패 경험이 포기로 이어지는 학습된 무기력이다.

나는 아이의 울음을 보고서야 멈출 수 있었다. 아이는 배움의 힘듦과 좌절을 경험하기에 앞서, 나는 성장하고 있고, 오늘보다 내일은 더 쉽다는 걸 배워야 한다. 그래야 아이는 도전할 수 있는 용기가 생긴다. 수준 높은 어려운 걸 가르치기보다 아이가 흥미롭게 배울 수 있는 것을 가르쳐야 하는 이유다.

생각할 시간이 충분한 아이는 어떻게 클까? 더 좋은 방법이 없을까? 더 새로운 방법은 없을까? 생각하는 사람으로 성장한다. 더 좋고, 새로운 방법을 스스로 생각해 본 경험은 자기 주도로 무엇인가를 배우고 싶다는 열정을 불러일으킨다. 스스로 자기 주도 학습을 시작하는 계기가 된다. 아이가 자기 주도적인 사람으

로 성장하기 위해서는 충분히 생각할 시간이 필요하다. 부모가 빨리빨리 하라고 외치면 안 되는 이유다.

아인슈타인Albert Einstein은 문제를 어떻게 풀까? 다양한 문제를 많이 풀었을까? 아인슈타인은 "몇 달이고 몇 년이고 생각하고 또 생각한다. 그러다 보면 99번은 틀리고 100번째가 되어서야 비로소 맞는 답을 찾아낸다."라고 이야기한 바 있다. 아인슈타인처럼 천재들이 문제를 푸는 방식이라 생각하지 말자. 아인슈타인이 지금의 아인슈타인이 될 수 있었던 이유라고 생각해 보자.

아이와 공부할 때 필요한 것은 선행학습을 위한 문제집과 초시계가 아니다. 흥미를 느낄 수 있을 정도의 문제와 문제를 풀 충분한 시간이다.

외동은 사회성 부족?
흔들리는 조리원 동기 모임

    2020년 4월 세상은 거리 두기 중이다. 방역 지침을 지키지 않는 기관은 행정처분을 받게 된다. 조리원에서도 말을 하거나 타인에게 가까이 다가가는 것은 금기시되었다. 나는 코로나 베이비를 낳았고 조리원 동기 모임과 단톡방이 없다.

    하지만 첫째 출산과 함께 시작된 조리원 동기 모임은 8년째 유지되고 있다. 외롭고 힘든 시기 친목과 정보를 주고받은 고마운 모임이다. 갓 태어난 첫째와 함께 집에 오던 날, 설렘과 두려움을 함께 했고 하루에도 몇 번씩 아이가 커가는 모습을 공유하며 의지하고 다독이며 지냈다.

하나 엄마: 다훈맘, 축하해 코로나라서 못 가서 아쉽다...

고마워~ 선물 받았어요.
이렇게 챙겨주시는 울 동기 최고!^^

| 다둥 엄마 | 하나맘, 그러고 보니 이제 하나만 혼자네. 능력 되면 한 명 더 낳는 게 어때? 형제가 없으니 다른 애들이랑도 잘 못 어울리는 것 같아. |

둘째의 탄생으로 축하의 글들이 오고 간다. 그리고 몇 분 후, 하나 엄마로부터 나에게 개인적인 메시지가 왔다.

| 하나 엄마 | 다훈맘, 둘째 너무 이쁘다… 코로나라서 한번 가보지도 못하고 미안해, 몸조리 잘해. |

괜찮아, 생각해 줘서 고마워. 코로나 끝나고 보면 되지 뭘!

| 하나 엄마 | 그래~ 꼭 봐! 첫째는 어때? 질투는 안 해? |

응. 아직은 모르겠는데, 지나면서 하려나~?

| 하나 **엄마** | 근데 다둥맘 말이야, 말을 좀 함부로 하는 것 같아…… 난 둘째 낳고 안 낳고는 선택이라 생각하는데 뭘 그거 가지고 이래라저래라…… 다훈맘 생각은 어때?

진짜 외동은 사회성이 안 좋아?

나 또한 외동맘 시절 형제나 남매가 함께 노는 모습을 보면 외동인 아들이 외로워 보여 안쓰럽기도 하고, 사회성과 정서발달이 걱정되기도 했다. 그날 밤, 자정이 넘도록 양육 태도에 관한 이야기를 서로 나누었다.

외동이냐 아니냐가 문제일까? 충분히 사랑받고 자라고 있다면 형제 유무 자체가 아이의 사회성과 정서발달에 큰 영향을 끼치지 않는다. 엄마의 양육 태도가 아이에게 더 큰 영향을 미친다.

외동맘 시절을 끝내고 두 아이를 키우는 남매맘이 되고 보니, 전보다 복잡하고 혼란스러운 상황이 많이 발생한다. 아이들과 보내는 일상에서 부모가 일관된 양육태도를 보여주는 것이 중요하다는 것을 알게 되었다. 외동이냐 아니냐를 떠나 올바른 양육 태도를 확립하는 것이 더 중요하다(양육 태도와 관련한 내용은 2장에서 자세히 설명하도록 한다.).

엄마 모임의 불문율

삼자 엄마: 오늘도 키카에서 하얗게 불태웠어요~

네네! 고생 많았어요~

다들 푹 쉬어요!

서서히 사람들은 하나둘 모임을 다시 시작한다. 첫째 조리원 동기 모임의 몇몇 가족이 모임의 장소로 키즈카페를 대관하여 함께 시간을 보냈다고 한다. 그날 밤 단톡방은 평소보다 많은 숫자가 찍혀 있다.

하나 엄마   그런데요…… 다둥이들이 하나를 너무 괴롭히는 거 같아요. 사이 좋게 놀 수 있도록 신경 좀 써주세요…….

다둥 엄마   하나맘, 그건 따로 톡 하면 되지 이렇게 공개적으로 말 하는 건 좀 아닌 것 같다. 하나는 별것도 아닌 일로 울더라? 사회성 좀 키워줘.

하나맘의 톡에 다둥맘이 하나의 사회성을 지적하는 답을 했다. 외동은 사회성과 정서발달에 좋지 않으니 능력 있으면 한 명 더 낳으라는 다둥맘의 말에 상처받아 시작된 하나맘의 신경전은 계속되었던 것일까? 하나맘은 다둥이들의 다소 과격한 행동을 공개적으로 말했고 이는 다둥맘의 신경을 곤두서게 했을 것이다. 얽히고설킨 지금 상황을 자국 하나 없이 풀어내는 것은 불가능하다.

그 뒤 하나맘은 더 이상 단톡방에서 말을 하지 않았고 다둥맘은 새로운 카톡 방을 만들었지만 나는 들어가지 않았다. 조리원 동기 모임부터 시작되는 엄마 모임, 단톡방은 각자 필요에 따른 선택이다. 필요하다면 도움을 받고, 스트레스가 된다면 멈추면 된다. 너무 애쓰지 말자.

{ 엄마들과의 관계를 위해 지켜야 하는 불문율 3가지 }

❶ 다른 엄마를 판단하고 조언하지 않아야 한다.

❷ 남의 아이를 판단하고, 조언하지 않아야 한다.

❸ 나의 상황을 고려한 나의 선택에 다른 누군가가 조언을 한다면 한 귀로 듣고 한 귀로 흘려야 한다. 소신 있는 나의 선택은 오롯이 내가 지키면 그만이다.

2장

엄마가 불안할 때

금 같은 시간을 뺏는 엄마, 주는 엄마

수수방관

그로우 트리Grow Tree

구체적인 메시지, 하나의 지침을 만들어 실천하라

그로우 씽킹Grow Thinking

그로우 씽크로 그로우 트리를 키우는 수수방관 육아

아이를 영재로 키운 부모의 진짜 비밀

아이가 스스로 꿈을 찾는 유일한 방법

흔들림 없이
아이를 성장시키는
수수방관 육아:
그로우 씽킹으로
키우는 그로우 트리

Chapter 2

엄마가
불안할 때

같은 시기 둘째를 출산한 지인의 카톡이 왔다. 임신과 동시에 각종 육아 정보를 모으며 자칭 타칭 육아 박사로 불리는 지인이다. 누구보다 애정을 쏟으며 아이를 키우는 지인은 자신의 12개월의 아이가 걸어 다니는 동영상을 전송하며 요즘은 한 단어로 된 말을 한다고 한다. 나의 근황을 물어보며 둘째는 딸이라 빠르겠다며 걸어 다니냐는 물음에 아직 배밀이 중이라고 하니 놀라며 어서 소아·청소년과 병원에 가보라고 한다.

갑자기 아이 발달에 문제가 있어 보인다. 딸아이는 11개월인데 아직 기어다니지 못하고 배밀이를 한다. 생각해 보니 모든 발달이 빠르지 않다. 지금까지 아무 문제 없어 보인 아이가 지인의 말 한마디에 모든 것이 느리고 부족해 보인다. 몇 년 만에 관련 전공 서적을 다시 펼쳐 들었다.

둘째는 자발적 '아싸Outsider맘'으로 육아를 하는 중이다. 엄마들과 소통하며 얻을 수 있는 정보는 없지만, 아이 발달과 관련된 서적을 읽어나가며 정보를 얻어 갔다. 책 속의 정보들은 숲을 보게 했고, 더 이상 근거 없는 걱정은 하지 않게 되었다.

현재의 삶이 걱정으로 바뀌는 순간은 누구에게나 한 번쯤 찾아온다. 그런 걱정이 아이를 향해 있다면, 엄마는 불안감으로 휘둘러 쌓인다.

이때, 엄마는 불안감을 떨쳐 내야 한다. 좀 더 현명한 길을 찾아 나서자. 아이의 발달과 관련해서는 남의 말보다 의사의 조언을 듣자. 의사의 조언까지 필요하지 않은 상황이라면 관련 육아서적을 한 권 읽어보길 추천한다.

나는 스스로 변하고 있었으며, 내가 이제 무엇을 해야 하는지 알게 되었다. 전공 지식과 육아서적 속 정보를 통합하여 가장 중요한 연령별 발달과제 한 가지를 찾아 목표와 방법을 정하고 실천했다. '그로우 씽킹Grow Thinking'으로 키우는 '그로우 트리Grow Tree', '수수방관 육아'라 이름 붙였다.

수수방관 육아란? 그로우 씽킹이라는 부모의 '핵심 가치'로 그로우 트리라는 자녀의 내면을 키우는 것이다. 부모는 '일관된 양육 태도'로 자녀를 대하며 편안한 돌봄을 제공하고 자녀는 스스로 배우고 익힐 시간을, 부모는 자기 돌봄의 시간을 가지는 것을 말한다. 자세한 설명에 앞서 그림으로 먼저 확인하자.

금 같은 시간을
뺏는 엄마, 주는 엄마

시간은 금과 같다. 바쁜 아침 스스로 해보려는 아이의 손을 치워내고 내 손으로 많은 것을 해주고 있는 것은 아닌지 생각해 보자. 아이가 스스로 배우고 익히는 시간이 바로, 금 같은 시간이다. 그 시간을 빼앗아 허무하게 쓰고 있는 건 아닌지 생각해 봐야 한다.

나와 아이가 스스로 성장하는 시간을 충분히 주자. 아이는 마음껏 실패하고 반복하며 배울 시간이 필요하고 부모도 내면을 단단하고 편안하게 만들 자기 돌봄의 시간이 필요하다.

아이에게 간섭하고 싶어 다가가는 손을 나를 향해 뻗자. 아이가 스스로 무언가를 하고 있다면 그 시간 동안 책을 읽어보는 건 어떨까? 독서는 아이에게만 도움이 되는 것이 아니다. 부모에게도 책은 도움이 된다. 꼭 육아서가 아니라도 소설, 에세이, 그 어떤 책이든 오롯이 나를 위한 책을 읽어보는 것을 추천한다. 내면이 단단해지고 편안해지는 것을 느낄 수 있을 것이다.

아이가 배울 시간은 많다. 하지만 스스로 배울 시간은 부족하다는 것을 알고 엄마 손에 책 한 권만 있으면 아이에게 금 같은 시간을 선물할 수 있다.

수수방관

꽃이 피길 바라며 나무에 물을 주었지만, 얼른 피지 않는 꽃을 보면 초조하고 불안해진다. 욕심은 자꾸만 나무를 건드리게 하고 견디지 못하는 나무는 썩어 버린다.

내가 책 백 권 읽고,

수(손, 手)

수(거둘, 收)

방(꽃다울, 芳)

관(너그러울, 寬)

하며 아이를 키우는 이유.

아이에게 간섭하고 싶어 다가가는 내 손을 거둬라, 나무가 꽃을 피워내길 기다리듯 너그럽게 지켜보라. 아이가 스스로 배우고 익힐 수 있도록 기다리고 지켜봐 주자. 아이가 배울 기회는 많고 아이가 스스로 배울 기회는 적다. 기다려 주는 것이 쉽지 않다. 하지만 책 100권 읽고 알게 된 육아의 여유로움은 기다림에서 시작된다.

그로우 트리
Grow tree

그로우 트리는 무엇인가?

아이의 내면을 키우는 **그로우 트리**

1~3세 **안정 애착 형성**

아이 발달에 기둥이 되는 **공감 능력** 키우기

4~6세 **자기 긍정감**을 통한 **자기 주도성** 키우기

7세~10세 **사회 규칙** 알고 **배려**하기

11세 이상 **책임감, 사춘기**에 대비하기

그로우 트리의 마지막 열매, **기여**

그로우 트리Grow Tree는 무엇인가?

어린아이들을 씨앗에 비유하기도 한다. 한 그루의 나무를 잘 키워 열매를 맺게 하는 일이 부모의 일이라면 무엇을 신경 써야겠는가? 열매가 얼마나 많이 달리는지에 신경 쓰다 보면 인생의 태풍이 몰아칠 때 가지는 꺾일 것이고 기둥이 부러지거나 나무는 뿌리째 뽑힐 것이다. 부모는 열매가 아니라 뿌리와 기둥, 가지에 신경 써야 한다. 단단한 뿌리는 기둥과 가지를 튼튼하게 해줄 것이고 나무는 조금 늦더라도 알이 실한 열매를 맺을 것이다.

아이는 커가며 무엇을 배우고 알아야 할까? 머릿속엔 유튜브, SNS, 누군가의 조언 등으로부터 조각조각으로 얻은 정보들이 가득하지만, 우리를 혼란스럽게 할 뿐이다. 그 속에서 부모는 어떤 교육을 해야 할지 어떻게 훈육해야 할지 헷갈린다. 그러다 보면 감정이 태도가 되어 아이에게 화를 내고 내 육아는 미안함과 후회로 가득하다.

아이를 잘 키우고 싶은가? 단순해지자! 여기에서 말하는 단순함은 핵심을 찾으라는 의미다. 핵심을 찾기 위해서는 불필요한 요소들은 모두 제거해야 한다.

아이가 익히고 알아야 할 것들은 수없이 많을 것이다. 중요하지만 가장 중요하지 않은 것들은 걷어내야 한다. 나는 교육학 전공 지식과 육아서적 속 정보를 통합하고 연구해 아이 연령별 핵심 발달과제 한 가지를 찾아 목표를 정하고 이를 '그로우 트리 Grow Tree'라 이름 붙였다.

아이의 내면을 키우는
그로우 트리 Grow Tree

- **1~3세 안정 애착 형성**

> **❶ 안정 애착**   낯선 상황에서도 엄마를 안전 기지로 삼아서 탐색하고 불편한 상황에서도 평정을 되찾는 상태

여기 세상에서 제일 편안하고 행복한 아기가 있다. 알맞은 온도 속에서 배고픔을 느끼는 생각만 해도 배고픔이 채워지고, 배변하고 싶다는 생각만 해도 불편함 없이 욕구가 채워진다. 바로 엄마 배 속의 아기이다.

아기는 태어나면 모든 마음을 울음으로 표현한다. 이때, 적절한 반응이 있어야 세상을 믿고 자기 자신을 믿을 수 있다.

아기가 태어나 3년 동안 부모가 줄 수 있는 최고의 사랑은 울고 있는 아기에게 적절한 관심과 반응을 보여주는 것이다. 일상의 불편함을 잘 살펴, 배고플 땐 배고픔을 채워주고, 힘들어하면 안아주면 된다. 만약 이 시기에 이런 적절한 반응이 없게 되면 아이는 세상을 믿지 못하고, 자신을 믿지 못하게 된다.

그렇다면 아이는 어떻게 해야 사랑받고 있다고 느끼며 엄마와 안정 애착을 형성할 수 있을까? 엄마의 다정한 표정과 음성을 보고 들으며 엄마의 살냄새를 맡게 하자. 많이 안아주고 반응해 주며 다양한 감각을 통해 사랑을 주며 같이 놀면 된다.

아이가 돌에서 두 돌쯤까지 한창 많이 하는 놀이가 까꿍 놀이다. 사라졌지만 어딘가에는 있다고 생각하는 사물의 '영속성'에

대한 개념은 까꿍 놀이를 하며 자연적 알게 된다. 엄마가 안 보여도 어딘가 있다고 생각해야 불안하지 않고 엄마와 떨어져 사회에 한 발짝 발을 내디딜 수 있기 때문에 중요하다. 아이는 만 3세 전 '안정 애착'이 형성되어야 정서적으로 편안함을 느끼며 세상과 소통할 수 있다. 이 시기 아이에게 가장 필요한 것은 무엇일까? 사랑이다. 자기를 소중히 여겨 주고 사랑해 주는 사람이 있어야 세상도 믿을 수 있기 때문이다. 안정 애착 형성으로 뿌리가 만들어져야 이를 바탕으로 부모와 지속적인 '정서적 교감'을 나누며 '공감 능력'을 키울 수 있다. 공감 능력은 이후 아이 정서발달에 기초가 된다.

안정 애착이 중요한 시기 어떤 책을 아이와 읽어보면 좋을까? 하야시 아키코의 《달님 안녕》은 사라졌다 다시 나타나는 달님을 보며 잠시 사라져도 늘 곁에 있는 엄마를 느낄 수 있다. 대상 영속성을 이해하기 시작하는 돌 전후로 읽어보길 추천한다.

낸시 태퍼리Nancy Tafuri의《아기 오리는 어디로 갔을까요?》는 안정 애착을 바탕으로 서서히 엄마와 떨어져 모험을 즐길 수 있는 마음이 생기는 두 돌쯤 되는 시기에 읽어보면 아이가 좋아할 책이다. 아기 오리는 나비를 쫓아가며 작은 모험을 시작한다. 엄마 오리는 그런 아이 오리를 찾아다닌다. 아이들은 엄마 오리를 보며, 우리 엄마도 내가 없을 때 날 찾을 거라 생각하며 마음 편히 사회에 한 발짝 발을 내디딘다.

• **아이 발달에 기둥이 되는 공감 능력 키우기**

❷ **공감**   남의 감정, 의견, 주장 따위에 대하여 자기도 그렇다고 느낌. 또는 그렇게 느끼는 기분

아이에게 하루빨리 지식을 말해주는 것보다 서로의 마음에 관해 이야기하는 것이 중요하다. 이유는 무엇일까? 아이는 자신의 마음을 알고 표현도 할 수 있어야 다른 사람의 마음에 공감할 수 있는 능력이 생기기 때문이다.

공감은 어떻게 가르쳐야 할까? 아이와 마음에 대한 이야기를

나누면 된다. 서로의 마음을 이야기하는 것은 수시로 부모가 아이의 마음을 읽어주고, 부모의 마음을 말해주며 대화하는 것이다. 마음을 읽어준다는 것은 아이가 느끼는 마음이나 심리를 말로 말해주고 표현하는 것을 말한다. 예를 들어 화를 내는 아이에게 "창피해서(실망해서, 당황해서, 좌절해서 등) 화가 났구나."라고 상황에 따라 느끼는 마음을 말로 표현해 주면 된다. 그리고 부모의 마음도 덧붙여 말해준다. 이런 마음 이야기를 많이 나눈 아이는 부모는 나와 다르게 생각하고 다른 마음을 느낀다는 것을 알게 되고 이를 생각해 다른 사람의 마음에 공감하고 사회 규칙 역시 이해할 수 있게 된다.

여기 유치원에서 미끄럼틀을 계속 타고 싶은 아이가 있다. 내가 미끄럼틀을 타고 싶듯 친구도 미끄럼틀을 타고 싶고 친구가 미끄럼틀을 못 타게 되면 기분이 안 좋을 거라는 생각을 할 수 있어야 차례를 지키기 위해 줄을 서로 갈 수 있다. 내가 미끄럼틀을 계속 타고 싶다는 생각에 멈춰 있다면 새치기하거나 미끄럼틀 위로 다시 올라갈 것이다.

만 3세 이후 훈육의 시간은 피할 수 없이 찾아온다. 이때에도 부모와 마음 이야기를 많이 나눈 아이는 혼이 나서 서럽고 무서운 것이 아니라, 도움받고 있다고 느끼며 수긍하고 받아들인다. 이렇듯 부모와 마음 이야기를 통해 키운 '공감능력'은 아이가 잘 성장할 수 있는 기둥이 된다.

가브리엘 뱅상Gabrielle Vincent의 《비 오는 날의 소풍》이라는 책이 있다. 주인공이 소풍을 가기로 한 날 비가 오는, 누구나 한 번쯤 경험해 본 속상한 상황이다. 이때, 만약 부모가 "비 안 오는 셈 치고 소풍을 가면 어떨까?" 하며 비가 와도 소풍을 가고 싶은 아이의 마음에 공감하고 행동해 준다면 아이는 공감받는 것이 어떤 것인지 알게 된다. 그런 부모가 되어 주고 싶지만, 현실은 힘들다. 그림책을 읽어보며 비 오는 날 소풍 놀이를 집안에서 해 보는 건 어떨까? 이런 간접 경험만으로도 아이는 충분히 공감받고 있다고 느낀다.

• 4~6세 자기 긍정감을 통한 자기 주도성 키우기

> ❸ 자기 긍정　　　자기를 스스로 옳다고 인정함
> ❹ 자기 주도　　　자기 일을 주동적으로 이끌어감

'자기 긍정감'과 '자기 주도성'은 어떻게 만들어질까? 나를 있는 그대로 인정하고 받아들이는 사람이 있다는 것은 나를 믿게 만든다. 나를 믿으면 나 스스로 옳다고 인정하는 자기 긍정감이 생긴다. 이런 마음이 있어야 나는 할 수 있다고 생각하고 용기를 가지고 자기 일을 주도적으로 끌어나갈 수 있게 된다.

데이비드 섀넌 David Shannon 의《줄무늬가 생겼어요》그림책을 아이와 함께 읽어보길 추천한다. 주인공 카밀라는 좋아하는 강낭콩을 먹고 싶지만, 다른 아이들의 눈치를 보며 먹지 않는다. 다른 아이들은 강낭콩을 좋아하지 않기 때문이다. 첫 등교 하는 날 카밀라는 내가 좋아하는 옷을 고르지 못하고 다른 아이들이 좋아할 만한 옷을 고르기 위해 고민하다 병이 생겼다. 온몸에 줄무늬가 생기는 병이다. 남의 입에서 국기라는 말이 나오면 국기로 변하고 알약이라는 말이 나오면 알약으로 변하기까지 한다.

카밀라는 어떻게 해야 원래의 모습으로 돌아갈까? 강낭콩을 좋아한다고 말하자 카밀라는 원래의 모습으로 돌아온다. 나를 있는 그대로 인정하고 사랑할 수 있는 자아 긍정감이 있어야 내가 바라는 삶을 살 수 있는 자기 주도성이 생긴다.

부모가 해야 할 일은 하나다. 아이의 지금 부족한 모습도 인정하고 사랑할 수 있어야 한다. 그런 부모의 사랑을 확인하며 아이는 있는 그대로 자기 모습을 사랑할 수 있고 자기 주도성을 키운다.

울거나 화를 내는 감정은 나쁜 것으로 생각하는 부모가 적지 않다. 그런 감정은 잘못된 것이 아니다. 울고 싶을 만큼 억울하거나 슬프면 울어야 하고 화가 나면 화를 내야 한다. 왜 울고 화를 내느냐고 야단을 치면 아이는 억울한 감정만 생길 뿐이다.

아이는 울고 화를 내는 것은 문제 해결에 도움이 되지 않는다는 것을 스스로 배우고 감정을 다루는 방법도 배워나가야 한다.

폴리 던바Polly Dunbar의 《나 진짜 화났어!》는 화난 아이와 화난 아이의 감정을 인정하고 다정하게 감정을 다스리는 방법을 말해주는 엄마가 등장한다. 아이와 함께 읽어보며 감정을 다스리는 방법에 관해 이야기해 보는 것을 추천한다.

• **7~10세 사회 규칙 알고 배려하기**

❺ 규칙　　여러 사람이 다 같이 지키기로 작정한 법칙
　　　　　또는 제정된 질서
❻ 배려　　도와주거나 보살펴 주려고 마음을 씀

초등학생이 되면 지켜야 할 '규칙'이 많아진다. 학교생활뿐만이 아니라 친구 관계에서도 지켜야 할 규범과 배려해야 할 상황이 생기게 된다. 이 시기 문제가 되는 상황마다 부모가 일일이 개입하여 해결해 준다면, 아이는 스스로 사회 규칙을 배워 익혀나갈 기회를 잃게 된다.

그렇다면 어떻게 규칙을 가르쳐야 할까? 훈육의 방법을 생각지 말자. 부모는 말로 아이를 가르친다 생각하지만 아이는 보고 배운다.

일상의 규칙을 지키지 않는다면 부모는 어떻게 해야 할까? 아래의 이야기에서 힌트를 얻어 보자.

사탕을 좋아하는 아이의 엄마가 어느 날 간디Mahatma Gandhi를 찾아왔다.

"아이가 사탕만 먹어요."

"일주일 뒤에 아이를 이곳으로 데리고 오세요."

일주일 뒤, 엄마는 아이를 데리고 다시 찾아왔다.

"사탕은 먹으면 안 된다."

"아니, 진작 말로 해줬으면 제가 아이한테 바로 얘기했을 건데요?"

"나는 사탕을 일주일간 먹지 않고, 아이에게 이야기한 겁니다."

학생의 본분을 다하지 않는다면 부모는 어떻게 해야 할까? 어둠 속에서 고른 두께로 떡을 썰었던 그녀와 아들이 펼친 세기의 대결을 모르는 사람은 없다. 바로 한석봉의 이야기이다.

떡장수를 하며 아들을 공부시킨 어머니는 아들에게 10년간 글공부하고 오라 말한다. 출가하여 공부하던 석봉은 10년간 글공부하고 오겠다는 약속을 어기고 3년 만에 모친이 보고 싶어서 집으로 돌아온다. 모친은 호롱불을 끄고 자신은 떡을 썰고 석봉은 글씨를 쓰게 한다. 불을 켜 보니 모친의 떡은 보기 좋게 썰어져 있고 석봉의 글씨는 엉망이었다. 석봉은 그길로 돌아가 남은 7년을 공부해 조선의 명필이 되었다. 부모는 부모의 본분을 다하고 있음을 보이면 된다.

밖에서 좋지 않은 행동을 하고 나쁜 친구들과 어울려 지낸다면 부모는 어떻게 가르쳐야 할까? 한국에 한석봉의 어머니가 있다면 영국엔 수산나 웨슬리 Susannah Wesley가 있다. 2013년 <머니투데이>기사에 실린 수산나 웨슬리의 일화를 읽으며 힌트를 얻어 보자.

수산나 웨슬리는 영국의 종교 개혁자 존 웨슬리John Wesley의 어머니다. 평소 자녀교육의 십계명을 엄격히 지키며 가정교육을 한다. 십계명 중 2가지는 아래와 같다.

1. 부모나 아이들이나 약속한 것은 반드시 지킨다.
2. 자녀는 부모의 채찍을 두려워하며 부모의 훈계를 고맙게 여긴다.

수산나의 모든 아이가 자라면서 훌륭한 모습을 보인 것은 아니다. 자녀 중 못된 친구들과 어울리며 나쁜 행동을 하는 딸이 있었다. 수산나는 고민 끝에 검정 숯을 한 다발 가져와 딸 앞에 내려놓으며 이렇게 말했다.

"딸아, 이 숯을 한번 안아보렴. 뜨겁지 않단다."

"뜨겁지는 않아도 내 몸이 더러워져요."

"딸아, 우리 인생도 이와 같단다. 바르지 못한 행동으로 화상을 입는 건 아니지만 우리의 몸과 마음을 더럽힌단다."

딸은 큰 깨달음을 얻었고 바른 모습으로 성장했다. 부모는 당근만 줄 수는 없다. 때론, 아이를 향한 채찍이 필요하다. 진짜 무서운 매질과 두려운 말들로 훈육하지 않더라도 아이는 충분히 느끼고 배울 수 있다.

초등학교 입학은 아이의 사회성이 드러나는 시기이다. 물론 그전에 어린이집과 유치원을 다니며 새로운 관계를 맺고 사회에 첫발을 내딛지만, 선생님의 도움을 받는다. 하지만 초등학교부터 상황이 달라진다. 혼자서 모든 것을 해내야 하는 것이다.

그림책은 영·유아 시기에만 읽는 것이 아니다. 문해력을 키우기 위한 글밥 많은 책도 좋지만, 이해력이 더 깊어지는 초등 시기에 영·유아 시기에 읽은 그림책을 함께 읽어보길 추천한다.

마르쿠스 피스터Marcus Pfister의 《무지개 물고기》는 반짝이는 아름다운 비늘을 가진 무지개 물고기가 나온다. 다른 물고기들이 부러워하며 반짝이는 비늘을 하나 나눠 달라고 하지만 무지개 물고기는 나눠주지 않는다. 다른 물고기들은 친구가 되어주지 않는다. 친구가 없는 무지개 물고기는 반짝이는 비늘도 소용이 없다. 바다의 어른에게 찾아간 무지개 물고기는 반짝이는 비늘을 나눠주라는 조언을 듣고 친구들에게 나눈다. 친구를 얻게 된다.

이 시기 사회 규칙을 알고 배려하는 것을 배우는 이유는 사회성을 키우기 위해서다. 사회성은 말로 배울 수 없다. 부모의 행동을 보고 배우거나 스스로 경험하며 배운다. 이때 관련 그림책을 읽어주는 것은 간접 경험이 될 수 있다. 사회로의 첫걸음을 떼는 아이들이 공존하며 살아가는 방법을 배우기 위해 나눔을 알고 배려를 안다면 사회 규칙은 저절로 익힐 수 있다.

• **11세 이상 책임감을 기르며, 사춘기에 대비하기**

❼ **책임감**   맡아서 해야 할 임무나 의무를 중히 여기는 마음
❽ **사춘기**   육체적, 정신적으로 성인이 되어 가는 시기

이 시기 아이는 급격하게 변화한다. 말 그대로 질풍 노도의 시기를 준비해야 한다. 스스로 어른이 되어감을 준비할 수 있도록, 어른으로 대하며 존중하자.

사춘기에 대한 대비는 어떻게 해야 할까? 과거의 부모의 말은 법과 같았다. 그런데 왜? 요즘은 부모의 말을 무시하는 아이들이 많아졌을까?

과거의 아이들은 부모로부터 직접 보고 배운 것이 많다. 개미가 바삐 움직이는 모습을 보며 곧, 비가 올 것이라고 말해주는 부모를 통해 비를 피했다. 물고기 잡는 법을 부모로부터 배워 주린 배를 채울 수 있던 시절엔 부모의 말이 곧 법이 된다. 요즘은 스마트폰 하나만 있으면 검색을 통해 많은 것을 배울 수 있다.

부모가 지식의 전달을 목적으로 아이와 소통했다면 부모에

게 얻을 수 있는 지식이 없어지는 시기에 아이와 부모는 자연적 멀어지고 부모의 권위도 떨어진다.

그렇다면 어떻게 가르치고 소통해야 할까? 여기 친구에게 모욕적인 말이나 욕을 듣고 화가 난 아이가 있다. 부모는 어떻게 해야 할까? 11세 이후 사춘기를 준비해야 하는 아이와 손을 잡고 그 친구의 집을 찾아가는 것도, 욕을 하는 모든 10대와 맞서 싸우기도 현실적으로 불가능하다. 마음속의 부정적인 말과 기억은 새로운 긍정적인 말과 기억으로 채우라는 글과 영상을 본 적이 있다. 아이와 마음 실험을 해보는 것은 어떨까? 실제 내가 아들과 한 일화이다.

빈 투명 용기에 물을 넣고, 흙 몇 스푼을 넣어 흙탕물이 된 물을 깨끗이 만들기 위해 흙을 건져내 보자. 건져지지 않는다. 물은 더 탁해진다. 그때 깨끗한 물을 콸콸 쏟아부으면 용기는 다시 깨끗한 물로 채워진다.

"아들아, 사람 마음은 이런 것이란다. 좋은 말과 좋은 생각을 스스로 해주고, 부족하면 책 속의 좋은 글귀를 읽으며 마음을 깨끗이 비

워보자."

어떤 특정 냄새를 맡거나, 어떤 것을 먹을 때 추억이 떠오른 기억이 있는가? 이런 실험을 하고 난 뒤 평범한 치킨, 만두 같은 아이가 좋아하는 음식을 함께 먹으며 대화해 보길 추천한다. 살다 보면 억울한 일, 힘든 일, 별일이 다 있다. 그럴 때 길거리를 지나다 우연히 맡은 음식 냄새에서, 평범한 저녁 식사를 하며 부모와의 일화를 떠올리며 힘을 낸다면 이보다 더 보람된 일이 어디 있겠는가? 부모가 말하지 않아도, 옆에 없어도 아이 곁에 머무른 듯 가르칠 수 있는 좋은 방법이다.

지식이 부족해 삶이 어려운 것이 아니다. 살면서 힘든 상황은 수시로 찾아오고 그때마다 우리는 어떻게 할지를 몰라 헤매지 않았던가. 사람은 지식을 물을 곳이 없는 것이 아니다. 삶의 방향을 묻고 싶지만, 물을 곳이 없다. 아이가 삶을 살아가다 힘든 날, 삶의 가치를 지키며 살아간 부모를 떠올려 방황을 멈추고 길을 찾는다면 이보다 더 큰 가르침이 어디 있겠는가.

만약 지금까지 내 삶의 가치를 정하지 않고 살았다면 걱정하지 말자. 늦었을 때란 없다. 지금 시작할 수 있도록 이 책의 다음 장 '그로우씽킹Grow Thinking'에 자세히 나와 있다.

'책임감'은 무엇일까? 임무나 의무가 아니다. 맡아서 해야 할 임무나 의무를 '중히 여기는 마음'이라고 했다. 중히 여기는 마음을 키워야 하는 것이다.

토미 드 파올라Tomie De Paola의 《오른발, 왼발》을 아이와 함께 읽어보길 추천한다. 할아버지의 손을 잡고 놀던 어린아이는 성장해 할아버지의 손을 잡고 도와준다. 할아버지의 사랑으로 큰 손자는 이제 할아버지를 도와주며 사랑하는 마음이 책임감으로 바뀌는 것을 느끼게 된다. 사랑과 책임은 이렇게 연결되어 있다.

사회 규칙과 책임을 이야기하는 책은 수없이 많다. 어떤 규칙을 지켜야 하는지 상세히 열거해두고, 책임을 지지 않으면 어떤 벌을 받는지 나와 있는 책도 흔하다. 하지만 이런 책을 권하지 않은 이유가 있다. 현실은 동화 속 바른 아이의 이야기를 그대로 배워 현실에 적용하면 오히려 사회성이 떨어지는 모습으로 보이는 때도 있다. 아이들도 어쩔 수 없이 현실을 살아간다. 그 속에서 적절하게 행동하는 사회성을 스스로 배워야 하는 것이다. 현실은 언제나 내 감정이 우선이지만 내가 그렇듯, 남도 자기의 감정이 우선임을 알 때 상대의 감정을 이해하고 배려하는 마음이 생긴다.

생텍쥐페리Antoine de Saint-Exupery는 저서 《어린 왕자》에서 책임감을 이렇게 말한다. "너의 장미꽃이 그토록 소중한 것은, 네가 장미를 위해 들인 시간 때문이야. 하지만 너는 이것을 잊으면 안 돼. 너는 네가 길들인 것에 대해 언제까지나 책임이 있는 거야. 너는 장미에 대한 책임이 있어."

길들인다는 것은 세상에서 하나뿐인 소중한 존재가 된다는 뜻이다. 《어린 왕자》에서 책임감은 소중한 것을 계속 사랑하고 곁에 있어 주며 응원해 준다는 뜻으로 말한다. 책임감은 나와 주변 환경을 소중히 여기고 감사하고 사랑해야 키울 수 있다. 그래야 감시가 사라지는 성인이 되어서도 내 삶과 내 환경을 책임지고 살아갈 수 있게 된다.

내 삶에 책임을 끝까지 지지 못하는 일은 왜 일어날까? 최근 10대가 극단 선택을 하는 사건이 많다. 우울증을 앓고 있는 10대도 많다고 한다. 왜 이런 일들이 많이 일어나는 것일까?

드넓은 초원도 처음엔 작은 씨앗 하나로 시작했다. 마음에 어떤 씨앗이 이런 끔찍한 상황을 만드는 것일까? 바로 나와 현실에 대한 불만족이다.

"I am happy, 나는 행복합니다." 유전질환인 해표지증으로 짤막한 왼쪽 발을 제외하고는 양쪽 팔과 오른쪽 다리가 없이 태어났지만, 전 세계인을 대상으로 행복을 전하는 사람이 있다.

바로 《닉 부이치치의 플라잉》의 저자 닉 부이치치Nick Vujicic다. 저자는 자기 신체가 지닌 장애를 불행한 쪽으로만 바라보지 않는다. 그의 긍정적인 마음은 모든 사람에게 희망과 용기를 준다.

우리는 그에게 배우고 감동한다. 우리는 사랑하는 것은 버리거나 망치지 않는다. 있는 그대로 나와 남을 사랑하면 모든 생명과 물건에 소중함을 느낄 수 있다. 우리가 버린 것을 생각해 보라. 소중하고 감사한 것은 절대 망치거나 버리지 않는다. 우리는 하찮고 미운 것을 버리지 않았던가? 그로우 트리의 애착 형성부터 이어지는 공감, 자기 긍정, 자기 주도, 배려, 책임을 떠올리자. 왜 있는 그대로의 아이를 소중히 여겨야 하는지 많이 지적하고 혼내면 안 되는지 마음 깊이 이해하길 바란다.

존 버닝햄John Burningham의《에드와르도 세상에서 가장 못된 아이》라는 책이 있다. 매일 말썽을 피우며 혼나는 에드와르도는 걷어찬 화분이 공중으로 붕 떠 깨지면서 땅에 꽃이 심겼다. 이를 보고 "너는 정원을 가꿀 거니?"라는 어른의 한마디에 에드와르도는 정원을 가꾼다. 작은 칭찬의 말 한마디로 에드와르도는 정원을 가꾸고 동생들과 동물들을 돌보며 세상에서 가장 착한 아이가 된다. 이후 에드와르도는 더 이상 말썽을 부리지 않는다. 아이의 좋은 부분을 우선 격려해야 한다는 메시지를 준다. 엄한 가르침과 훈육보다 나의 장점을 발견하는 기쁨을 느끼게 해주자.

나를 있는 그대로 사랑해 주는 사람이 있어야 나는 나를 소중히 여기고 사랑할 수 있다. 내가 사랑하는 나는 남이 함부로 날 망치게 허락하지 않으며 내가 나를 함부로 버리지 않는다. 이제 그로우 트리의 마지막이다. 어떤 열매를 맺을 것인가?

• 그로우 트리의 마지막 열매, 기여

그로우 씽크로 내면의 그로우 트리를 키운 아이는 남을 돕고 싶다는 생각으로 이어진다. 바로, 그로우 트리의 마지막 열매, '기여'이다.

기껏 키운 열매가 부와 명예가 아니라 기여라서 실망했는가? 이런 마음은 내 아이의 성공에 도움이 되지 않는다고 생각하거나 남을 사랑하고 돕는 일이 일방적인 희생이라고 생각한다면 다시 생각해야 한다.

성공한 사람의 공통점을 생각해 본 적 있는가? 그들은 남과 세상을 편리하게 해줌으로써 부와 명예를 거머쥐었다. 전기를 만든 자, 자동차를 만든 자, 인터넷을 만든 자 가 그랬고 앞으로 나와 남을 편리하게 해주고 도운 자들에게 세상은 부와 명예라는 선물을 줄 것이다.

여기 IMF 때 아버지의 사업 실패로 어려운 가정 형편을 생각해 치과의사가 되기로 결심한 한 학생이 있다. 열심히 공부했고 강남의 대형 치과병원에 근무하며 목표한 돈도 잘 벌었다. 어느

날 하늘을 나는 자동차를 만들고 싶었던 어린 시절의 꿈이 떠올랐고 세상을 바꾸는 일에 도전해 보고 싶다고 생각했다. "인생은 너무 짧고 미래의 행복을 위해서 하고 싶은 일을 미루는 삶은 여기서 끝내자!"라고 생각한다.

그는 시작했고 실패했다. 거듭된 실패를 경험하고 나니 실패한 이유를 알았다. 그는 이렇게 생각한다. "내가 만들어야 하는 것은 바로, 사람들이 필요로 하는 것, 삶을 편하게 해주는 것이다. 남을 도와야 한다." 직원들과 함께 서울 각지에 흩어져 사람들의 삶을 관찰하고 어떤 것을 도울 수 있는지 생각했다. 그리고 만들어 낸 것이 간편 송금 서비스 앱 '토스'다. 이승건 회장의 이야기다.

당신의 아이가 부와 명예라는 이런 세상의 선물을 받길 원한다면 나와 남을 사랑하고 세상을 향한 감사한 마음으로 남을 도와야 한다. 그리고 더 중요한 내면의 목소리에 귀를 기울이고 언제나 나를 사랑해야 한다. 수많은 성공한 사람들의 이야기가 있지만 이승건 회장의 성공담을 소개한 이유는 타인의 기준에 자기 삶을 맞춰 내면은 우울한 마음으로 살아가는 사람이 많기 때문이다. 나를 사랑하고 내면의 소리에 귀 기울이며 언제든 내 안의 씨앗을 다시 꺼내 새로운 땅에 심어 도전할 수 있어야 한다.

아이와 함께 다양한 위인전을 읽거나 현시대의 성공한 사람들의 인터뷰, 강연을 함께 들어 보길 권한다. 세바시(세상을 바꾸는 시간 15분) 강연이나, TED 강연을 참고해도 좋다. 사람의 꿈은 오롯이 그 사람의 몫이다. 다양한 사람들의 이야기 속에서 자신의 미래를 그려보길 바란다.

당신의 아이가 "나는 남을 도울 수 있는 사람이다."라는 생각에 의심이 들게 하지 마라. 믿게 하라. 그럼 성공한 인생을 살 수 있을 것이다. 이것이 그로우 트리의 마지막 열매, 기여이다.

내 아이의 기질과 속도에 맞춰 아이의 내면을 키울 그로우 트리를 만들어 보길 추천한다. 보는 것과 한번 써 보는 것은 다르다. 앞의 그로우 트리를 똑같이 써봐도 좋다. 집안 곳곳 잘 보이는 곳에 붙여두고 실천하자.

공감 Empathy

4~6세 자기긍정 자기주도

7~10세 사회규칙 배려

11세~ 책임감

1~3세 안정애착 사랑

기여 Contribution

그로우 씽킹

그로우트리

구체적인 메시지:
하나의 지침을 만들어 실천하라

아이와 마주하는 다양한 상황에서 '일관된 양육 태도'를 유지하는 것은 가장 중요하지만 실천하기가 어렵다. 하지만 아이가 배우고 익힐 것들에 대해 하나의 간결한 메시지를 만들어 놓으면 이것을 바탕으로 부모도 일관된 양육 태도를 유지하고 행동할 수 있다.

짐 콜린스Jim Collins, 제리 포라스Jerry Porras 저자의 《성공하는 기업들의 8가지 습관》에서는 노드스트롬 백화점의 일화가 나온다.

노드스트롬 백화점은 타사보다 가격이 비싸지만, 고객서비스 하나로 성공하고 싶은 백화점이다. 이런 전략을 성공시키기 위해 이 백화점은 직원들에게 지침이 되는 메시지를 전달했다.

지침1. 다른 백화점에서 산 선물도 포장해 줘라.
지침2. 타이어체인을 가져온 고객에게 두말없이 환불해 줘라.

(이 백화점은 타이어체인을 팔지 않는다.)

    이런 구체적인 지침은 고객에게 훌륭한 서비스를 제공하라고 아무리 외쳐도 변하지 않던 직원들을 고객서비스 전문가로 탈바꿈시켰다. 노드스트롬 백화점은 고객서비스의 대명사가 되었다.

    나는 연령별 발달과제에 따라 구체적인 메시지, 하나의 지침을 만들고 일상에서 잘 기억할 수 있도록 벽에 붙여두고 매일 보고 읽으며 아이들에게 말해줬다.

    3살 버릇이 여든까지 간다는 말이 있다. 틀린 말은 아니다. 하지만 3살 이전의 아이에게 하루 더 빨리 규칙을 가르치고, 지식을 가르친다고 한들 무엇이 달라지겠는가? 아이는 그저 안정적인 마음을 바탕으로 부모를 믿고 한 발짝 나아간다면 충분하다. 이후의 시기도 마찬가지이다. 더 빠른 발달보다 연령별 발달과제의 가장 기본적인 것들을 아이 스스로 내면에 쌓으며 익혀 나가면 된다.

    아이를 믿자. 분명 스스로 알게 되는 것이 더 많을 것이며 부

연령별 부모가 기억해야 할 메시지

연령	메시지
1~3세	부모와 애착을 형성한 아이 "엄마가 꼭 안아줄게."
4~6세	자아 긍정감을 키우며 자기 주도로 크는 아이 "너는 스스로 할 수 있어."
7~10세	사회 규칙을 알고 배려하는 아이 "초등학생이 된 걸 축하해." "스스로 해야 할 일이 많구나!"
11세 이상	질풍노도의 시기를 대비하자! "어른이 되어 가는구나, 책임감 있게 행동하는 모습이 참 멋지다!"

모의 한결같은 양육 태도는 정서적으로 편안한 돌봄을 제공할 것이다. 그런 부모를 만나 정서적으로 편안하게 클 수 있는 행운을 아이에게 선물하자.

그로우 씽킹
Grow Thinking

아이 잘 키우는 엄마의 **일관된 양육 태도**

부모가 가르쳐야 하는 **삶의 가치와 태도**

그로우 씽크로 그로우 트리를 키우는 **수수방관 육아**

아이 잘 키우는 엄마의
일관된 양육 태도

아이 발달과 관련해서는 그로우 트리를 만들며 고민을 해결한다. 그렇지만 아직 해결되지 않은 문제가 있다. '양육 태도'를 정하는 일이다. 사실, 양육 태도를 정하는 것은 어렵지 않다. 문제는 그다음이다.

자녀에 대한 애정은 많으면 많을수록 좋다. 허용적인 부모와 민주적인 부모 사이에서 부모의 양육 태도를 저울질해 보자. 나는 민주적인 양육 태도를 취하기로 한다. 부모가 언제나 같은 마음과 태도로 아이를 대하고 일관된 모습으로 삶을 살아가야 아이는 불안하지 않고 정서적으로 편안하게 큰다. 이런 일관된 태도를 유지하기 위해선 하나의 기준이 필요하다.

무언가 하기 힘든 일이 있다면 이유가 무엇일까? 답은 어떻게 해야 할지 모르기 때문이다. 육아가 그렇다.

육아의 답이 꼭 육아서에만 있는 것이 아니다. 헤르만 헤세 Hermann Hesse의 소설 《싯다르타》를 읽고 육아의 목적이 아이가

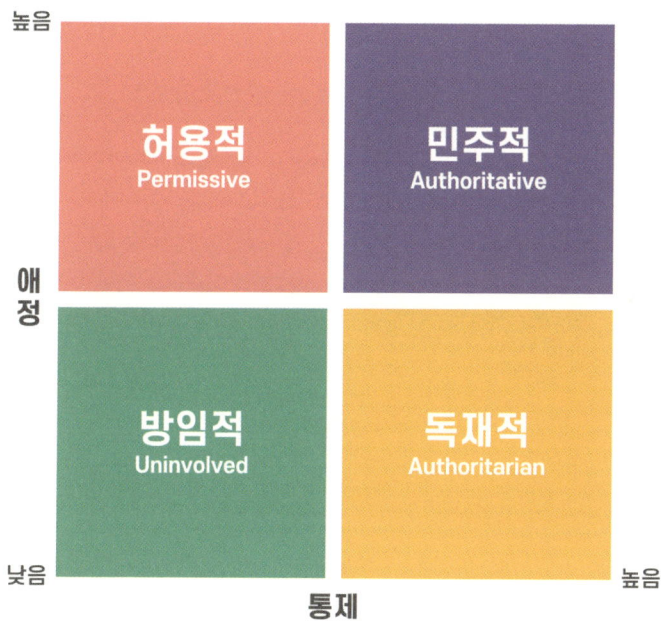

성장해 자신의 길을 찾아가도록 응원하는 것임을 알게 되었고 에리카 라인Erica Layne의《나는 인생에서 중요한 것만 남기기로 했다》를 읽고 방법을 알았다. 에리카 라인은 나만의 핵심 가치를 찾아 에너지를 쏟는 단순하고 목적이 있는 삶이 극적으로 삶을 변화시킨다고 한다.

 아이와 함께하는 일상에서 아이의 다양한 행동에 우리는 무엇을 수용하고 무엇을 수용하면 안 되는가? 훈육의 기준이 필요하다. 아이의 마음은 수용하고 핵심 가치에서 벗어나는 행동은 수용하지 않고 스스로 배울 수 있도록 가르쳐야 한다.

그러면, 가치에서 벗어나는 행동을 할 때 어떤 방법으로 가르쳐야 할까?

첫째, 아이에게 핵심 가치를 지키지 않으면 안 되는 이유를 합리적으로 설명한다.

둘째, 부모는 일관된 양육 태도를 유지하며 삶에서 핵심 가치를 지키며 살아간다. 부모는 말로써 가르친다 생각하지만 아이는 보고 배운다.

내가 정한 삶의 가치가 없다면 지금 정하면 된다. 다음 장에 삶의 가치를 정할 수 있도록 제시해 두었다. 쉼 없이 달려온 육아라는 길에 시동을 잠시 끄자. 내가 가져야 할 양육 태도와 삶의 가치를 정하는 것이 첫 번째 할 일이다.

육아의 본질은 돌봄에 있다. 진정한 돌봄은 정서적으로 편안하게 클 수 있는 환경을 제공하는 것이다. 부모가 삶에서 핵심 가치를 지키며 일관된 양육 태도로 아이를 대하면, 아이는 정서적으로 편안하게 성장할 수 있다.

부모가 가르쳐야 하는
삶의 가치와 태도

삶	사는 일. 또는 살아 있음
가치	인간 행동에 영향을 주는 어떠한 바람직한 것
태도	어떤 일이나 상황 따위를 대하는 마음가짐과 취하는 입장

삶의 '가치'와 '태도'란? 살아가는 동안 어떤 일이나 상황이 발생했을 때 '바람직한 것을 취하려는 마음가짐'을 말한다.

세상에 문제를 일으키지 않고 항상 착한 아이의 모습만 보이는 아이는 없고 그럴 필요도 없다. 아이가 잘못된 행동을 한다면 아이 스스로 배우고 알아 가야 한다. 부모가 두려워서 하지 않는 안 좋은 행동은 두려움이 사라지는 사춘기가 되면 다시 하게 된다. 시간이 걸려도 스스로 배우고 알아가야 좋은 행동이 습관이 된다. 그렇게 하려면 부모는 무엇을 어떻게 가르쳐야 할까?

앞선 이야기에서 부모가 가르쳐야 하는 것은 지식이 아니라고 했다. 'CHAT GPT'라고 들어 본 적 있는가? 질문에 대해 대답해 주는 'AI 챗봇Chatbot'이다. 이 챗봇의 능력은 다양한 주제에 대한 짧은 논문을 쓸 수 있으며 허가 없이 나무를 손질하는 이웃에게 형식적이면서도 비꼬는 편지까지 작성할 수 있다고 한다.

부모의 역할을 지식의 전달에 중점을 둔다면 아이가 초등학교만 가도 AI에 그 자리를 빼앗기게 되고 부모의 권위는 자연적 사라지게 될 것이다.

그렇다면, 부모가 가르쳐야 하는 것은 무엇일까? 삶의 가치와 태도이다. 부모가 가르치기 위해 해야 할 일은 무엇일까? 삶의 가치를 정하고 일관성 있게 지켜나가는 모습을 보여주는 것이다.

나에게 질문해 보자. 내가 지켜나가야 하는 삶의 가치가 무엇인가? 생각해 본 적 없다면, 지금 정하면 된다. 아래에 다양한 삶의 가치를 제시해 두었다. 이 중에서 내가 중요하다고 생각하는 것을 찾아 동그라미 치고 골라 3~7가지 정도를 핵심 가치로 정하고 일관성 있게 지켜나가는 모습을 보여주면 된다.

매 순간 아이를 키우며 웃을 수 없다. 하지만 기분이 태도가 되지는 않아야 한다. 내 감정과 가치관 사이에서 좋은 결정을 내려야 한다.

브랜트 멘스워Brant Menswar는 저서 《블랙 쉽》에서 생각을 단순화하고 핵심 가치에 초점을 맞추어 생각하다 보면 감정에 휘둘리지 않는 좋은 결정을 내릴 수 있다고 한다. 우리가 순간의 감정에 휘둘려 판단력이 흐려질 때 핵심 가치를 떠올리고 결정하면 된다는 뜻이다.

고대 중국의 사상가 노자는 이렇게 말했다. "우울한 사람은 과거에 살고, 불안한 사람은 미래에 살며, 평안한 사람은 현재에 산다." 기분이 태도가 되지 않기 위해 핵심 가치를 정해 현재를 살자. 이점을 염두에 두고 핵심 가치를 골라 보자.

나는 이 핵심 가치들을 내 아이와 나를 함께 '성장시키는 생

{ 핵심 가치 }

* 아래가 전부가 아니므로 단어를 추가해도 된다.

가족 감각적 감사 감동 개척 건강 겸손 공감 공정함

규칙 긍정 기여 끈기 나눔 노력 다양성 단순 달성

도움 도전 독립적 동기부여 명예 모험적인 매력적 목표

미래지향 반성 발전 배려 배움 변화 봉사 부 성취

용기 절제 사랑 사람 성공 성숙 성실 소신 솔선수범

승리 신뢰 실천 신용 신중 생명 존중 약속 열정

영향력 예의 온화 완벽 유능 유쾌 인내 이해 자기주도

자극 자기긍정 자발 자유 자율 자신감 재미 존중 절약

중용 직관 즐거움 자아 성찰 집념 정직 지혜 진심

체계 청결 창조 취향 친절 자유 창의 책임 책임감

탁월함 통찰 평온 평화 효율 효용 희망 흥미 혁신 행복각'으로 생각하여 '그로우 씽킹Grow Thinking'으로 이름 붙였다.

에리카 라인은 저서 《나는 인생에서 중요한 것만 남기기로 했다》에서 가치와 목표의 상호 관계를 설명한다. 예를 들어 집안의 물건을 정리하겠다는 목표를 세운다고 가정하자. 처음에는 솟구치는 의욕으로 시작하지만, 몇 달이 지나면 의욕은커녕 아무것도 하기 싫어지는 순간이 온다. 그때 자신의 목표를 뒷받침하는 가치를 생각하면 다시 시작할 수 있다고 한다. 즉, 목표와 가치가 같다면 꾸준한 실천을 할 수 있다는 뜻이다.

나는 삶에서 지킬 핵심 가치와 목표 두 가지를 같게 정했다. 즉, 나는 핵심 가치를 "사랑, 공감, 긍정, 자기 주도, 배려, 책임감, 기여"로 정하고 일관성 있게 삶에서 지킨다. 그로우 트리에서 핵심 목표로 생각하는 것과 같다. 이중 그로우 트리를 키울 7가지 핵심 가치, 그로우 씽킹의 사전적 의미는 아래와 같다.

❶ **사랑**   어떤 사람이나 존재를 몹시 아끼고 귀중히 여기는 마음

❷ **공감**   남의 감정, 의견, 주장 따위에 대하여 자기도 그렇다고 느낌, 또는 그렇게 느끼는 기분

❸ 긍정　　　　그러하다고 생각하여 옳다고 인정함, 인생이나 사물

　　　　　　　을 밝고 희망적인 것으로 보는 것

❹ 자기 주도　　자기 일을 주동적으로 끌어나감

❺ 배려　　　　도와주거나 보살펴 주려고 마음을 씀

❻ 책임감　　　맡아서 해야 할 임무나 의무를 중히 여기는 마음

❼ 기여　　　　도움이 되도록 이바지함

⬇

> 나는 나와 타인을 사랑하고, 타인의 마음에 공감할 수 있다.
> 나는 내 삶의 주인공으로 언제나 책임을 다하며 사회에 기여하는
> 삶을 산다.

　핵심 가치를 찾아 나만의 의미를 만들어 보자. 기억할 수 있는 메시지로 만들어 삶에서 일관성 있게 지켜나가길 바란다.

　부모가 추구하는 삶의 가치와 태도가 없다면 아이를 양육하는 순간순간 일관성 없는 태도를 보이게 될 것이고 이는 아이를 혼란스럽고 불안하게 만든다.

육아의 본질은 돌봄이다. 풍족한 물질과 다양한 학습 기회를 제공하는 것도 좋지만 아이를 정서적으로 편안하게 키워내는 것이야말로 진정한 돌봄이 아니겠는가.

부모가 가르쳐야 하는 삶의 가치와 태도를 직접 실천하며 보여줌으로써 정서적으로 편안함을 받을 행운을 아이에게 주자. 진정한 돌봄과 가르침을 행할 수 있다. 나의 핵심 가치를 골라 내가 추구하는 나만의 삶의 메시지를 만들어 보자.

1. 일관된 양육 태도를 위한 나의 핵심 가치 만들기

〔 1. 나의 핵심 가치를 3~7개 정도 골라 써보자. 〕

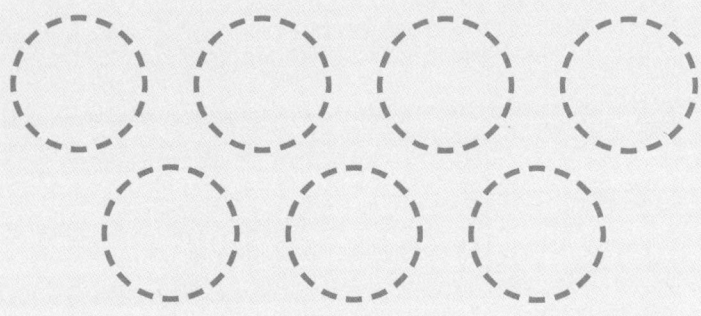

〔 2. 내가 고른 핵심 가치로 추구하는 삶의 메시지를 만들어 보자. 〕

2. 그로우 씽크로 그로우 트리를 키우는 수수방관 육아

{ 수수방관 육아법 }
❶ 그로우 트리Grow Tree 생각하기
❷ 그로우 씽킹Grow Thinking 생각하기
❸ 일관된 양육태도 실천하기

• 수수방관 육아 예시1

상황 1) 여기 5살의 이유 없이 우는 아이가 있다. 물론 부모의 입장이다. 아이는 분명 이유가 있겠지만 부모는 알 수 없거나 이해가 안 된다. 우리는 어떻게 해야 할까?

↓

〔 아래의 3가지 순서로 생각하고 행동하기 〕

❶ **그로우 트리 생각하기** : 해당 나이에 배워야 할 것을 생각하기

5살 그로우 트리 : 해당되는 애착 형성, 공감, 자기 긍정, 자기 주도를 가르쳐야 한다.

❷ **그로우 씽크 생각하기** : 그로우 트리의 해당 나이까지 핵심 개념을 벗어나는지 아닌지 확인

그로우 씽크로 양육 태도 결정 : 핵심 가치에서 벗어나는가? 벗어나지 않는다.

울음은 5살까지 배워야 할 사랑, 공감, 자기 주도에서 벗어나는 행동이 아니다. 즉, 수용

해야 하는 상황이다.

❸ 일관된 양육 태도 실천하기 : 말과 행동으로 실천하기

1번의 그로우 트리에서 길러야 할 애착 형성, 공감, 자기 긍정, 자기 주도를 떠올리며 수용한다. 따뜻한 말투와 표정으로(애착) "마음이 힘들구나!(공감) 괜찮아, 힘들면 울 수도 있지.(자기 긍정), 마음이 괜찮아질 때까지 기다릴게.(자기 주도, 감정도 스스로 배울 수 있다)"라고 말해주며 기다린다.

• 수수방관 육아 예시2

> **상황 2)** 이제 막 초등학교에 입학한 8살 아이. 학교생활을 하며 어느 순간 배워 온 욕을 쓰기 시작한다. 이 상황에서 부모는 어떻게 해야 할까?

〔 아래의 3가지 순서로 생각하고 행동하기 〕

❶ 그로우 트리 생각하기 : 해당 나이에 배워야 할 것을 생각하기

8살 그로우 트리 : 해당되는 사회, 규칙, 배려를 가르쳐야 한다.

❷ 그로우 씽크 생각하기 : 그로우 트리의 해당 나이까지 핵심 개념을 벗어나는지 아닌지 확인

그로우 씽크로 양육 태도 결정 : 핵심 가치에서 벗어나는가? 벗어난다. 욕하는 것은 사랑, 공감, 배려에서 벗어나는 행동이다. 즉, 훈육의 상황이다.

❸ 일관된 양육 태도 실천하기 : 말과 행동으로 실천하기

1번의 그로우 트리에서 길러야 할 사회, 규칙, 배려를 훈육하며 가르쳐야 한다. 인격적

으로 대하며,(사랑, 공감) "기분이 안 좋았구나. 하지만 욕을 하는 것은 남을 배려하는 말이 아니야.(핵심 가치를 근거로 합리적으로 말한다) 다른 사람과 함께 있는 공간에서 그런 욕을 들었다면 너는 기분이 어떨까? 하지 말아야 해." 훈육할 때는 핵심 가치를 근거로 합리적으로 말해야 한다.

• 수수방관 육아 연습하기1

> **상황 3)** 6살 아이가 유치원 등원을 위해 옷을 입던 중, 지퍼를 처음부터 다시 혼자 잠그겠다고 한다. 서두르지 않으면 지각할 수도 있다고 말했지만, 아이가 수긍하지 않는다. 어떻게 해야 할까? (등원을 위해 아이가 쓸 수 있는 시간 5분)

↓

〔 아래의 3가지 순서로 생각하고, 나의 수수방관 육아법 적어보기 〕

❶ 그로우 트리 생각하기 : 해당 나이에 배워야 할 것을 생각하기

_____
_____
_____
_____

❷ 그로우 씽크 생각하기 : 그로우 트리의 해당 나이까지 핵심 개념을 벗어나는지 아닌지 확인

❸ 일관된 양육 태도 실천하기 : 말과 행동으로 실천하기

• 예시

❶ 그로우 트리 생각하기 : 해당 나이에 배워야 할 것을 생각하기

　6살 그로우 트리 : 자기 긍정, 자기 주도

❷ 그로우 씽크 생각하기 : 그로우 트리의 해당 나이까지 핵심 개념을 벗어나는지 아닌지 확인

그로우 씽크로 양육 태도 결정 : 핵심 가치에서 벗어나지 않는다. 6살의 그로우 트리에서 사랑, 공감, 자기 주도에서 벗어나는 행동이 아니다. 오히려 권장해야 할 부분이다. 7살의 사회 규칙 알기를 중심으로 말하지는 않되, 유치원에 가야 하는 일은 지켜야 할 일이라고 이야기한다.

❸ **일관된 양육 태도 실천하기** : 말과 행동으로 실천하기

"혼자 하고 싶었구나, 혼자 하는 것은 좋은 거야! 멋져! 그런데 우리 5분 뒤에는 유치원에 가기 위해 나가야 하니 5분 동안 해보고 나머지는 집에 와서 또 연습해 보자. 그땐 1시간 동안 해도 좋아. 그리고 내일은 스스로 옷 입는 시간을 따로 줄게."

"혼자 하고 싶었구나, 혼자 하는 것은 좋은 거야! 멋져! 그런데 우리 5분 뒤에는 유치원에 가기 위해 나가야 하니 지퍼 두 개를 잠그는 것만 엄마가 도와줄게. 나머지 지퍼 올리는 것을 해보자."

아이가 수긍하지 않으면? "5분 뒤에는 나가야 하니 엄마가 안고 갈 거야." 따뜻한 표정과 말투로 단호하게 말하고 5분 뒤에는 안고 나간다. 그리고 하원 후 약속한 옷 입는 시간을 따로 가지고 다음 날부터는 스스로 할 수 있도록 시간을 준다.

• 수수방관 육아 연습하기2

상황4) 점점 성장하면서 호기심도 왕성해진 우리 아이. 위험한 행동(높은 곳에서 뛰어내리기, 위험한 물건 가지고 놀기 등)도 서슴지 않고 할 때, 어떻게 가르쳐야 할까?

⬇

〔 아래의 3가지 순서로 생각하고, 나의 수수방관 육아법 적어보기 〕

❶ 그로우 트리 생각하기 : 해당 나이에 배워야 할 것을 생각하기

_____
_____
_____
_____

❷ 그로우 씽크 생각하기 : 그로우 트리의 해당 나이까지 핵심 개념을 벗어나는지 아닌지 확인

_____
_____
_____
_____

❸ 일관된 양육 태도 실천하기 : 말과 행동으로 실천하기

_____

_____

_____

_____

_____

_____

_____

_____

- **예시**

❶ **그로우 트리 생각하기** : 해당 나이에 배워야 할 것을 생각하기

사랑 (나는 나의 몸을 다치게 해서는 안 된다)

❷ **그로우 씽크 생각하기** : 그로우 트리의 해당 나이까지 핵심 개념을 벗어나는지 아닌지 확인

그로우 씽크로 양육 태도 결정 : 핵심 가치에서 벗어난다.

❸ **일관된 양육 태도 실천하기** : 말과 행동으로 실천하기

"나와 남의 몸은 소중해. 지금 하는 행동은 너와 남을 다치게 할 수 있어. 높은 곳에서 뛰고 싶다면(공 차기를 하고 싶다면 등, 상황에 맞춰 이야기한다.) 우리 놀이터로 나가 트램펄린 위를 뛰거나 다른 놀이를 하는 건 어떨까? 하고 싶은 놀이를 생각해 보렴."

아이를 영재로
키운 부모의 진짜 비밀

청각장애 부모와 아이의 이야기가 화제가 된 적이 있다. 부모는 청각장애가 있었지만, 아이는 TV 프로그램 <영재발굴단>에서 영재로 소개되었다.

당시 세상은 아이의 영재성보다 부모가 아이를 대하는 태도에 놀랐다. 무언가를 많이 가르치고 많이 말해준 것이 아니었다. 그렇다면 아이는 어떻게 영재가 되었을까? 그저 아이의 입 모양을 놓치지 않기 위해 한시도 아이의 얼굴에서 눈을 떼지 않은 부모를 보며 아이는 말하는 기쁨을 느꼈다. 자신을 열심히 바라봐 주는 부모에게 알게 된 것을 말하기 위해 아이는 스스로 배우고 싶었고 이것은 아이의 잠재력을 키울 수 있는 바탕이 되었다.

우리는 말로 책으로 가르친다 생각하지만, 아이들은 스스로 보고 배운다. 위의 핵심 가치를 고르고 나만의 메시지 만드는 것을 생략했다면 다시 돌아가길 바란다.

자녀가 성장하는 동안 가정에서 지켜야 할 핵심 가치로 앞서 제시한 그로우 씽크를 그대로 실천해도 좋다. 자기만의 메시지를 만들어 쓰고 매일 읽으며 실천하자. 훗날 자기가 가야 할 길을 분명히 알고 의연한 태도로 살아가는 아이의 모습을 그려보라. 하지 않을 이유가 없다.

아이가 스스로
꿈을 찾는 유일한 방법

헤르만 헤세의 소설 《데미안》에는 이런 내용이 나온다. 나방은 짝을 찾기 위해 오로지 제게 의미와 가치가 있는 것만 찾았다. 별이나 다른 반짝이는 것들에 마음을 줬다면 짝을 찾지 못했을 것이다.

수컷 나방은 암컷 나방을 만나기 위해 한눈팔지 않고, 수 킬로미터를 달린다. 더 반짝이는 유혹도 암컷 나방을 찾는 수컷 나방의 마음을 흔들지 못한다.

부모와 아이가 함께 가는 육아의 길도 이와 같다. 부모는 내 아이를 바라보고 가야 한다. 공부 잘하는 다른 아이들 속에서 내 아이의 취향과 생각을 존중하기가 쉽지 않다. 남들처럼 공부 잘하길 바라고 아이의 앞에 해가 되거나 불필요한 것은 내 손으로 치워버리고 싶다.

"엄마, 나는 이런 건 안 해."

"학교 가면 크레파스로 그림을 그려."

"안 한다니까. 말했잖아. 끈적끈적한 물감이랑 붓이랑 뒤에 나무 있는 두꺼운 종이(캔버스) 사줘."

첫째는 어릴 적부터 별난 구석이 있다. 예민한 기질을 타고나 아무거나 먹지 않고 아무거나 입지도 않는다. 그림도 남들 하지 않는 걸 한다.

"엄마, 이거 아닌데……."

"붓이랑 물감 사달라며?"

"이거 아니야. 내가 필요한 건……"

"다훈아, 쿠팡 들어가서 사고 싶은 재료 골라놓으면 동생 잘 때 주문해 줄게."

첫째가 하고 싶은 것은 아크릴화다. 가끔 그림을 가져와 보여주며 "엄마 내가 그리고 싶은 게 이런 거야."하고 자랑스럽게 보여준다.

나는 아이 방바닥에 돗자리를 깔아주고 엄마의 잔소리를 대신해 차분히 그림을 그릴 수 있도록 클래식 음악을 틀어줬다. 아이는 조용히 방에서 자기만의 그림을 그리기 시작한다.

나중에야 이것이 아이가 자기 잠재력을 꺼내는 일이었고 좋아하는 것을 찾아 몰입하는 시간이었다는 것을 알게 되었다. 오늘이 아니면 다시 못 배울 것처럼 일일이 가르치려 하지 마라. 아이가 자신의 꿈을 키우기 위해서는 오롯이, 아이의 시간이 있어야 한다.

아이는 스스로 재미를 느끼며 반복할 때 잘하는 것이 생기고 자연스레 꿈이 생긴다.

나는 아이의 손을 잡고 끌던 내 손을 놓았다. 당장 반짝이진 않지만, 자신만의 색을 만들 수 있도록 지지해 주었다. 3년 전, 모든 것이 부족해 보이던 아이들이 내가 변하고 다시 보니 자신만의 색을 당당하게 만들고 있었다.

내가 만약 아이의 손을 끌고 달렸다면 아이 스스로 볼 수도 잡을 수도 없었을 행운을 아이의 속도에 맞춰 걷다 보니 아이는 스스로 내가 하고 싶은 것이 무엇인지 나는 어떤 꿈을 키우고 싶은지 알게 되는 행운을 얻을 수 있었다.

3장

그날 내가 꿀팁 가득한 단톡방을 나간 이유

자발적 아싸맘

자발적 아싸맘! 엄마표 영어를 시작하기로 결심하다

엄마표 영어책 수십 권을 읽고도 실패한 이유

엄마표 영어 성공을 위해 뇌에 대해 알아야 할 3가지

엄마표 영어 시작하기 전 주의해야 할 2가지

스티키 스토리 영어 습득법 1단계: 영어=놀이

스티키 스토리 영어 습득법 2단계: 이미지 듣기 > 스토리 읽기

스토리가 스티커처럼 뇌에 붙는 이유

영어책의 레벨과 종류

책 레벨을 높이는 방법

영어 거부 시기를 슬기롭게 보내는 방법

아이의 학업과 미래에 보험을 들자

아이와 엄마는 한 팀이다

엄마표 영어 성공을 위해 아이와 부모가 가야 할 길

그날 내가
꿀팁 가득한 단톡방을
나간 이유,
그리고
성공한 엄마표 영어

Chapter 3

그날 내가 꿀팁 가득한
단톡방을 나간 이유

1

코로나 속에서 시간이 허무하게 지나가는 것처럼 느껴진다. 연일 방송에서는 아이들의 학습 격차에 관한 이야기들로 가득하다. 코로나 속 방치된 아이들, 과외를 하는 아이들, 엄마표 홈스쿨링을 하는 아이들 엄마들의 고민과 걱정은 늘어만 간다. 학습 결손은 우리 집에도 있는 것 같다.

내 친구 중에 돼지 엄마, 여우 엄마는 없다. 대신 옷 좋아하는 친구 살림 잘하는 친구는 있다. 오늘도 그녀들과의 단톡방은 먹고, 입는 얘기들로 가득하다. 나는 꾸미는 것에는 관심이 없지만, 가끔 옷 도매 사업을 하는 친구를 통해 옷을 저렴하게 사기도 한다. 둘째의 탄생과 함께 내 사회생활도 끝났지만, 나에게는 퇴직금이라는 비상금이 있다. 이렇게 가끔 옷을 사는 것은 소소한 재미다. 안 입은 옷이 쌓여 가기는 하지만 그래도 입을 옷은 없다.

한파가 이어진다. 2학년이지만 올해는 학반 단톡방에 입성하지 않겠다고 마음을 먹었다. 아이에게 주차해 놓을 테니 주차장으로 오라고 전해 두었다. 아이는 이제 학교에서 근처 주차장까지는 혼자서도 찾아온다. 둘째는 잠이 오는가 보다. 차 밖으로 나가 목도리로 몸을 감싸고 흔들흔들하니 아이가 잠을 잔다.

나는 단톡방 영재 엄마와 같은 유치원 출신 맘일 뿐 큰 친분은 없다. 다들 영재 엄마에게 잘 보이려고 하는 것을 알고 있지만 나는 내가 그런 쪽으로는 재능이 없다는 것을 안다. 잘못하다간 관계를 망쳐 버릴 수도 있다. 그냥 가만히 있는 편이 나을 듯 생각해 먼저 다가가지 않는다.

그때다.

"다훈 엄마! 아기가 자네, 고생이 많아요. 어머, 이 목도리 따뜻하겠다. 캐시미어야?"

그날 나는 영재 엄마를 우리 집에 초대해 한 번도 입지 않은 옷과 목도리를 선물했다.

"다훈 엄마, 나는 공짜 안 좋아해. 기다려, 나도 선물 하나 줄게."

2

며칠 뒤 영재 엄마는 영어 원어민 과외의 빈자리 하나를 나에게 소개해 줬다. 한 팀에 3명으로 구성된 그룹과외다. 한번 들어가면 초등 6년간 보통 지속한다고 한다. 한 달에 한 번씩 돌아가며 장소 제공을 하고 아이들은 해당 집에서 일주일에 두 번, 두 시간씩 과외를 받는다.

첫 번째로 시작하는 의준이 집에서 엄마와 아이들이 다과회를 했다. 우리 집만 한 거실과 통창으로 된 서재가 아이들이 공부할 곳이다. 의준이 엄마의 조용한 말투와 함께 먼지 한 톨 없는 집은 그녀의 성격을 보여주는 것 같았고 그녀가 매일 들고 다니는 내 손바닥만 한 H사 한정판 명품 가방은 물욕 없는 나 같은 사람도 '인생은 그녀처럼'이란 생각을 하게 했다.

의준이 엄마는 '백조 엄마'다. 백조 엄마란 아이들의 성적과는 상관없이 엄마 자체로 후광을 뿜어낸다. 좋은 외제 차를 타고 다니며 명품으로 온몸을 휘감아 경제력을 뿜어내는 엄마 부류를 말한다.

기대와 달리 첫째는 과외하고 온 날 무엇을 배웠는지 물어봐도 시원한 대답을 하지 않는다. 나는 두 돌이 안 된 딸아이와 매일 놀이터 투어를 하고 밥을 하고 밥을 먹고 책을 읽는다. 시시하지만 입에 붙는 영어 노래는 배경음악처럼 언제나 흘러나온다. 이제는 나도 영어 노래를 외워서 부를 수 있게 되었다. 나는 영·알·못이다.

"엄마, 나 안 갈래."

"자꾸 의준이가 무섭게 해."

머리가 아파진다. 가서 공부만 하면 되지…… 이럴 줄 알았다……. 그래, 마음의 준비는 언제나 하고 있다. 상식 있어 보이는 의준 엄마와의 통화는 큰 부담감을 주진 않았다.

"네……. 다훈 엄마, 의준이랑 얘기해 볼게요. 아마 그 시간이 의준이가 배가 고플 시간이라 그럴 거예요. 제가 간식을 좀 더 준비해 볼게요."

간식 얘기가 아니었는데……. 교묘하게 이야기의 초점이 흐려졌지만, 그날 본 그 집의 분위기와 상식 있어 보이는 의준이 엄마는 나를 그냥 믿게 했다.

"엄마, 하기 싫어."

"조금만 더 해보자, 응?"

"의준이가 계속……."

3

어느덧 계절은 한여름을 향해 가고 있다.

"야!!!!!"

내 시선은 학교 축구 골대 앞으로 향한다. 아…… 다훈이다. 나는 다훈이의 얼굴에 번진 빨간 피를 보고 달려갔다.

"엄마……. 이것 봐, 이렇게 한다니까."

의준이는 다훈이를 밀쳐냈고 다훈이는 골대에 얼굴을 부딪치고 주저앉아 흐르는 코피를 닦으며 상황을 설명한다. 의준이 엄마는 나에게 다급히 뛰어왔다.

"오늘 날씨가 너무 더워서 아이들이 예민해졌나 봐요."

"아니야, 다훈이가 잘 못 해서 그래! 다훈이가 내가 시키는 걸 안 하잖아!"

"많이 더웠어? 목이 말랐니?"

"아니라니까! 다훈이가 내 말을 안 들었다고!"

의준이 엄마는 항상 '아이가 배가 고파서', '날이 더워서'등등의 이야기로 아이의 잘못을 교묘하게 덮었다. 의준이는 자기의 생각을 정확히 말하고 있다. 자기 말을 들어주지 않으면 폭언과 폭력을 쓰면 된다고 생각한다.

"의준아, 그 어떤 이유가 있더라도 남을 다치게 해서는 안 돼."

"실수한 거 같은데, 이렇게 사람들 많은 곳에서 아이를 혼내시면 아이 마음에 상처가……."

"의준아, 잘 들어. 다훈이가 아니라 다른 아이가 너로 인해 다쳤더라도 나는 너에게 이야기했을 거야."

집에 돌아올 때쯤 다훈이의 코피도 멈췄다. 나는 첫째에게 둘째를 부탁하고 약통과 밴드를 찾아 이곳저곳을 뒤졌다. 영어 노랫소리가 들려온다. 영어 문제집을 함께 풀어도 영어 원어민 과외를 해도 영어로 된 말 한마디 하지 않던 첫째가 둘째에게 영어 노래를 불러주며 놀아준다.

4

"여보세요? 안녕하세요. 중부서 피해자 전담 경찰관 경감 엄기경입니다."

"아…… 네 안녕하세요. 근데, 무슨…… 일이시죠?"

"혹시 강다훈 학생 부모님 되십니까?"

"네, 그런데요……."

"학교폭력 신고접수가 되어 연락드렸습니다."

"폭력이요? 누가요?"

"다훈 학생이 친구에게 보낸 문자가 음…… 괴롭힘으로 접수가 되었습니다."

…….

휴대전화가 내 손에서 미끄러지듯 흘러, 거실 바닥에 콕 박힌다. 나는 떨어진 휴대전화를 그대로 바닥에 둔 채 주변을 두리번거렸다. 지금 내가 할 일은 상황을 파악하는 것이었다. 다훈이의 휴대전화를 찾아 카톡 대화를 찾아보았다.

> 사과해. 날 밀치고 사과하지 않았잖아.

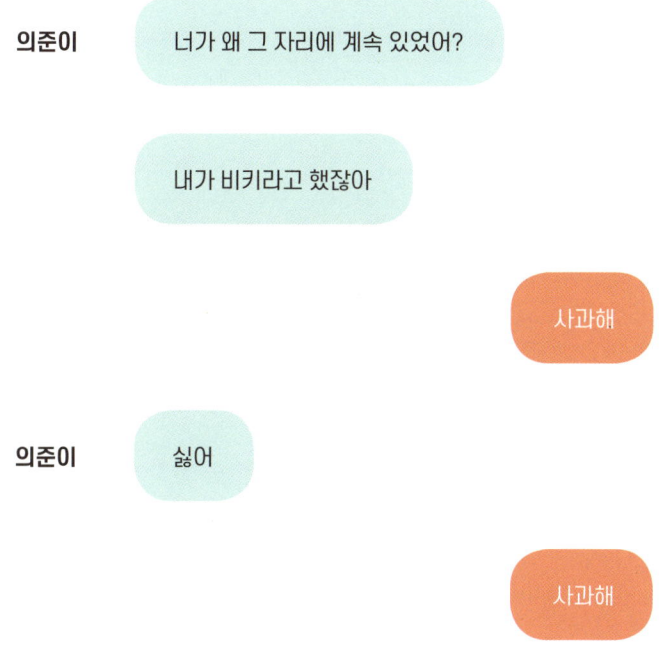

어디서부터 잘못된 것일까? 제대로 사과받지 못한 다훈이의 마음을 살피지 않아 일이 이렇게 되었나? 내가 먼저 그 자리에서 경찰을 불러 학교폭력으로 신고해야 했는가? 내 머릿속은 수만 가지의 생각과 자책으로 가득 찼다. 아무리 생각해도 의준이 엄마의 행동은 이해가 안 된다. 피해자가 가해자가 되어 경찰서에 가야 한다는 억울한 생각뿐이다.

다훈이는 제대로 사과받지 못한 것이 억울해 의준이에게 사과하라며 문자를 보냈고, 이를 괴롭힘이라는 명분으로 의준이네 가 신고를 한 것이다.

"음……. 다훈아, 의준이에게 문자 보낸 적 있었어?"

"응."

"의준이가 학교폭력으로 경찰에 문의했나 봐."

"엄마…… 나 욕도 안 하고, 그냥 정식으로 사과하라고 그렇게 말한 것뿐인데?"

"그래, 그랬구나."

"엄마…… 나 잡혀가? 나 무서워."

다훈이의 작은 몸이 파르르 떨린다. 나는 아이를 꼭 안았다.

5

> 어머님~ 안녕하세요.
>
> OO 중부서 피해자 전담 경찰관 경감 엄기경입니다.
>
> <대화모임 일정 알림>
>
> 일시 및 장소 : 21년 7월 5일 (월) 저녁 7시
>
> OO 중구 0000로 561, 7층 소회의실
>
> * 어머님과 아드님께서는 저녁 7시 30분 나오시기를 바랍니다.

경찰관은 몇 번의 통화 후 상황을 파악했고, 우리는 마음 조정프로그램이라는 대화 프로그램에 의준이네와 함께 참여하기로 했다.

다훈이는 억울함을 이야기한다. 그렇다, 억울하다. 하지만 세상을 살다 보면 이런 억울한 일 한 번쯤 안 겪는 사람이 어디 있

겠는가. 배울 좋은 기회라고 생각했다. 사실, 그렇게 생각하기로 결심했다.

이번 일에 아이가 느끼는 감정은 억울함, 무언가 잘못 했다는 죄책감, 경찰서에 가야 한다는 수치심 등이 있을 것이다. 억울한 마음은 상대의 이야기를 들어 보고 풀어보자. 아이는 자기 행동에 죄책감은 느낄 수 있지만 수치심을 느껴서는 안 된다. 죄책감은 잘못을 알고 배워 고쳐나가면 되지만, 수치심은 다르다. 내 존재가 수치스러울 때 사람은 나를 미워하게 되는 씨앗을 내 마음에 심게 된다.

"다훈아, 엄마는 널 사랑해. 하지만 네 모든 행동을 사랑하는 것은 아니야. 만약, 경찰서에 가서 있었던 일에 관해 이야기해야 한다면 엄마가 네 행동에 편을 들어 줄 수는 없어. 하지만 네가 어떤 일을 했건, 어떤 상황이건 엄마는 네 손을 잡고 놓지 않을 거야. 엄마는 언제나 다훈이를 도울 거야."

"엄마, 그럼 내가 그렇게 문자를 보낸 마음은 이해하지만, 그 행동은 의준이를 기분 나쁘게 했을 수 있다는 거야?"

"우리 다훈이, 진짜 엄마 마음을 엄마보다 더 잘 아는구나."

"알았어. 나 배우러 가는 거 맞지? 혼나러 가는 거 아니지?"

"그럼. 사실 그대로 이야기하고 조금 실수한 게 있다면 배우면 돼. 너는 잘못 한 사람이 아니라 배워야 할 사람이야. 엄마도 같이 가서 배우고 올 거야."

"응, 그렇게 할게. 나는 그런 게 괴롭힘이라고 생각 못 했어."

우리보다 30분 먼저와 1:1 상담을 진행한 의준이가 터벅터벅 복도를 걸어 나온다. 뒤이어 상담 선생님의 모습이 보인다. 뿔테 안경을 쓰고 단발머리를 한 깡마른 상담 선생님의 모습에 나도 아이도 긴장했다. 나는 아이의 꼭 잡은 손을 놓았다. 20분 정도 시간이 흘렀을까? 귀가 빨개져 돌아온 다훈이는 내 손을 잡았다.

6

우리는 모두 원형으로 둘러싸인 의자에 앉았고, 4자 대화가 시작되었다.

"상대방의 마음을 이야기한 뒤, 내 마음을 이야기하면 됩니다. 어머니들께서는 그냥 듣고 계시면 됩니다."

상담 선생님의 말씀을 들으며 다훈이가 먼저 마음을 이야기한다.

"기둥에 부딪혀 아팠어요. 그리고 사과받고 싶어요."

"다훈이가 뭐라고 했죠? 다음은 의준이의 마음을 말하세요."

"아파서 사과받고 싶었대요. 사과하고 싶어요. 미……"

"잠깐만, 의준아 지금 미안하다고 말하라는 게 아니잖아! 너도 문자

받고 괴로운 걸 말할 차례지."

"의준 어머니…… 아이의 시간입니다. 중간에 끼어드시면 안 돼요."

"아니요, 왜 사과를 강요하시죠?"

"어머니, 잠시 나가 계실까요? 이러시면 방해됩니다."

대화가 시작되기 전부터 왼쪽 엄지손톱을 뜯기 시작한 의준이의 손톱에서 피가 보인다. 의준이 엄마는 아랑곳하지 않는다. 아니면 보이지 않는 것일까?

다훈이를 학교 폭력으로 신고한 의준이 엄마의 의도는 무엇이었을까? 대화 프로그램에 참여하는 도중 순간순간 사과하는 의준이를 막아서는 모습을 보며 일방적인 사과를 받고 자존심을 회복하고자 했던 그녀의 의도를 짐작할 뿐이다. 의준이 엄마의 목소리는 더 커진다.

순간, 의준이가 말한다.

"다훈이랑 다시 친하게 지내고 싶어요. 그날 밀쳐서 미안해."

나는 그 순간 다훈이의 손을 꼭 잡아 주었고, 눈빛으로 내 마음을 전했다. 우리는 의준이를 향해 함께 미소를 지었다.

집으로 돌아오는 길 아이는 대화 프로그램에 참여하니 좋았다는 순수한 말을 한다. 처음으로 나는 내가 다훈이 엄마로 태어난 이유를 알았다. 아이의 마음속에 긍정과 부정의 씨앗이 함께 있다면, 나는 하루하루 긍정의 씨앗에 물을 주기 위함이구나. 더 많이 대변하고, 더 많이 보호하기 위함이 아니다.

누군가는 아이를 위해 경찰서에서 시시비비를 가리지 않은 날 보며 바보라 할지 모른다. 그런 게 바보라면, 난 아이를 위해 바보가 될 수 있다. 아이의 마음에 '나는 경찰서에 가서 부모를 싸우게 만든 아이'라는 수치심의 씨앗을 심는 일보다 내가 바보가 되어 그날의 기억을 엄마와 함께 무언가를 배우고 온 평범한 날의 기억으로 남기고 싶다.

집에 돌아가는 길 길가에서 사 먹은 만두는 이제, 불편한 듯 평범했던 그날의 냄새를 느끼게 한다. 우리는 더 이상 그날 이야

기를 할 필요가 없었고 아이의 마음에 상처를 남기지 않고 기억을 쌓았다.

얼마 뒤, 의준이 엄마의 어깨에 단정히 올려 있던 가방이 긴 끈과 함께 운동장 바닥에 떨어지며 엄마의 머리카락을 쥐어뜯으며 울고 있는 의준이를 보았다. 의준이의 손가락 여러 곳에 반창고가 감겨 있다.

순간, 힘들다고 자주 얘기했던 첫째가 떠오른다. 나는 아이의 힘듦을 모른 척했고, 의준이 엄마는 아이의 잘못을 모른 척했다.

그날 나는 꿀팁 가득한 단톡방을 나왔다.

자발적 아싸맘

3월이 되면 아이의 새 학기에 맞춰 어린아이들은 기관에 입성하고 반이 높아지며 유치원에서 초등으로 신분이 달라지기도 한다. 피할 수 없는 엄마들의 인간관계도 엄마 모임, 단톡방과 함께 다시 시작된다.

요즘 같은 시대에 정보가 부족해서 육아가 어렵지는 않다. 그렇지만 왜? 엄마들은 정보를 얻고 소외되지 않기 위해 엄마 모임, 단톡방의 유혹에서 쉽게 벗어나지 못할까? 아이를 키우는 과정은 힘들고 부모의 일은 끝이 없다. 육아라는 큰 틀에서 내가 무엇을 가르치고 무엇을 해야 하는지 숲을 보지 못하기 때문이다. 큰 그림이 그려지지 않으니 조각조각 난 정보들에 솔깃하고 그마저 없으면 뒤처지고 소외되는 기분이 든다.

육아의 힘듦은 알고 보면 인간관계의 힘듦인 경우가 많다. 엄마는 그런 관계 속에서 실수하면 안 되고 후회를 남겨선 안 된다고 생각해 매 순간 부족한 나를 만나 자책하고 결국 자신을 돌보지 못하고 힘들어진다. 아이의 발달, 공부, 엄마들 관계는 실처럼 묶여 얽히고설킨다. 타래를 풀지 못하면 꼬이고 꼬여 어느새 목을 조여 숨통이 막힌다.

우리는 누군가에게 의지하고, 위안받고, 사랑도 받고 싶다. 하지만, 우리 곁에 언제나 그런 이가 있는 것은 아니다. 때론, 내 편을 찾기 힘든 날도 많고 혼자일 때도 적지 않다. 그럴 때마다 남을 원망할 수 없다. 누가 항상 내 편일 수 있을까? 바로 나뿐이다. 내 마음속에 나를 미워하는 마음을 걷어내고 나를 좋아하자. 어린 시절 타인에게 받았던 미움과 상처가 그대로 남아, 내가 나를 미워하고 있지는 않은가? 생각해 보자. 내 내면을 살펴 있는 그대로 부족한 나를 인정하고 보듬어야 한다. 그리고 오늘, 지금까지 살면서 힘들었을 나에게 "그래, 지금까지 고생했어." 하며 나를 토닥이자.

'아싸'는 특정 조직에 속하지 않는 외부인을 말한다. 아웃사이더는 혼자다. 흔들림 없는 단단한 나를 위해 자발적 아싸가 되어보는 것은 어떨까? 꼭, 타인과의 모든 인간관계를 끊어 내라는 뜻이 아니다.

자발적 아싸가 되어 나를 힘들게 하는 인간관계, 내 휴대전

화 속 나와 상관없는 이야기들과 연결된 실을 끊어 모른척했던 내 아이의 힘듦을 살피고 나를 돌보자. 그래야 우리가 진정으로 봐야 할 것을 볼 수 있다. 우리가 진정 봐야 할 것들은 나와 아이의 내면이다.

{ 아이의 힘듦을 모른 척하면 생기는 일 }

아이가 힘들다고 하면 있는 그대로 받아들여야 한다. 아이의 힘듦을 모른 척하면 아이는 부모가 자신을 도와주고 함께하는 사람이라고 생각하지 않는다. 자신을 도와주지 않고 일방적으로 끌어당기는 사람이라고 생각한다. 그렇게 시간이 지나면, 아이는 힘들어도 더 이상 부모를 찾지 않는다. 부모는 아이를 도울 방법이 없어진다. 아이는 힘들어도 위로받을 곳이 없고 마음 줄 곳이 없다.

{ 아이의 잘못을 모른 척하면 생기는 일 }

아이는 친구와 다툴 수도 있고, 잘못할 수도 있다. 그때마다 아이의 잘못을 모른 척하면, 아이는 잘못된 생각과 행동을 반성하거나, 고칠 기회를 놓치게 된다. 잘못된 생각과 행동까지 감싸주는 것은 아이를 있는 그대로 인정하고 사랑하는 것이 아니다.

자발적 아싸맘,
엄마표 영어를 시작하기로 결심하다

"그러기에는 네가 영어를 너무 못하는 거 아니야?"

"왜 하필 지금 하려고 해? 너무 늦었다."

"그러다가 애만 잡아."

내가 엄마표 영어를 한다고 하자 주변의 모든 사람이 벌 떼처럼 들고일어났다. 엄마표 영어에서 필요한 한 가지가 있다. 바로, 이런 말들에 휘둘리지 않겠다는 결심이다. 나는 결심했고 영어를 습득할 수 있는 가장 좋은 방법을 찾기 위해 엄마표 영어 관련 책을 반월당 YES24 중고 서점에서 샀다.

기억에 남는 것은 손가락 모양의 막대기를 사서 영어책을 문자와 소리에 맞춰 듣는다는 것이다(집중 듣기). 아들에게 앞으로는 영어책을 읽는다고 말해줬다. 다행이다. 거부하지 않는다. 공부는 해야 한다는 사실을 받아들이고 매일 하는 공부는 습관이 잡히는 중이다.

초등학생이 되면 많이 읽는다는 고가의 영어 리더스북을 사기 위해 당근에 알람을 걸어두고 기다렸다. 남편은 몇 년 전 유행했던 자녀교육 성공의 조건 중 남편의 무관심을 철저히 지키고 있지만 당근을 배송해 오는 일은 잘한다. 이게 뭔지 얼마인지 궁금해하지 않고 심부름 한 건당 주는 3천 원에 기뻐한다.

"엄마 싫어. 안 해."

후…… 또 안 한단다. 며칠이나 했나? 왜 남의 집 아이는 하고 영재까지 됐다는데 우리 집 아들은 다 싫다는 것인가? 소중한 아이의 시간이 그렇게 허무하게 지나가는 듯하다.

"엄마, 헐크 그리고 싶은데…… 잘 안 그려져."

"인터넷에서 그림을 찾아보면 어떨까? 따라 그려볼까?"

"엄마, 이거 프린트해 줄 수 있어?"

"영어책이네? 그러면 우리 이 책을 사서 보고 그리자."

반전이 시작되었다. 첫째는 헐크 그림을 그리기 위해 20권에 3만 원인 리더스북을 뒤지며 그림을 그리기 시작했고 그 시간 동안 책 속의 음원은 계속 흘러나왔다. 계절이 몇 번 바뀌고 어느 날, 아이는 그 책을 외워 영어로 이야기했다.

엄마표 영어책
수십 권을 읽고도 실패한 이유

엄마표 영어를 할 때 한 가지 실수를 한다. 아이의 재미에 초점을 맞추지 못하고 무엇을 배울 것인가에 초점을 맞춰 진행하다 보니 아이가 재미를 잃어간다. 그러다 보면 아이는 영어를 거부하고 엄마는 포기하게 된다. 실패해 본 적이 없는 사람은 아무것도 해본 적이 없는 사람이다. 실패하고 깨달아 또 시작하자.

나는 아이가 영어를 공부하는 것이 아니라, 뇌가 영어를 습득하는 것이라고 생각을 바꿨다. 그때부터 나는 시중에 나온 뇌 과학, 성공과 관련된 책들을 읽어나갔고 답을 찾아 영어 습득법을 만들어 실천했다.

영어를 거부하던 첫째는 이제 영어를 즐긴다. 둘째는 영어에서 자유로운 아이로 성장 중이다. 엄마표 영어는 엄마가 집에서 아이의 영어를 잘하게 환경을 만들어 주는 것이다. 아이의 뇌가 언어를 습득할 수 있도록 방법을 찾아서 실천하면 된다.

엄마표 영어 성공을 위해 뇌에 대하여 알아야 할 3가지

1. 1만 시간의 법칙 전에

20시간의 법칙

1만 시간의 법칙이 있다. 어떤 분야의 전문가가 되기 위해서는 최소한 1만 시간 정도의 훈련이 필요하다는 주장인데, 1993년 미국의 심리학자 앤더스 에릭슨이 발표한 논문에 처음 등장한 개념이다.

1만 시간은 매일 3시간씩 훈련할 경우 약 10년이 걸리는 시간이다. 앤더스 에릭슨은 세계적인 바이올린 연주자와 아마추어 연주자 간 실력 차이는 대부분 연주 시간에서 비롯된 것이며, 우수한 집단은 연습 시간이 1만 시간 이상이었다고 주장했다.

심리학자 마이클 호위Michael Howe는 모차르트에 대해 이렇게 평가하였다. 모차르트의 초기 작품은 대개 모차르트의 아버지가 작성했을 것으로 보이며, 당시 숙달된 작곡가 기준에서는 놀라운 수준은 아니었고 이후 발전했다고 한다.

현재 걸작으로 평가받는 모차르트 협주곡(협주곡 9번 작품 번호 271)은 스물한 살 때부터 만들어졌고, 이는 모차르트가 협주곡을 만들기 시작한 지 10년이 흐른 시점이라고 한다. 어떻게 보면 아빠표 음악을 한 모차르트 역시 1만 시간이 흐른 뒤 최고의 작품을 완성했다.

1만 시간의 법칙은 상위 1%의 능력을 만들어 낸다. 성공한 자들은 뚜렷한 목표(계획)가 있다. 우리도 하나의 목표로 이 책의 3장 <성공한 엄마표 영어>를 보고 있다. 아이가 영어를 잘하게 되는 것이다. 우리는 뚜렷한 목표가 있으니, 1만 시간을 지속할 방법을 배워 계획하고 실천하기만 하면 된다.

최근 1만 시간의 법칙에 반기를 든 사람이 나타났다. 바로, 《처음 20시간의 법칙》의 저자 조쉬 카우프만Josh KaufMan이다. 그의 연구에 따르면 아무것도 모르는 상태에서 실력이 좋아지고 자신의 실력 향상을 느끼는 시간은 단 20시간이라고 한다. 듣던 중 반가운 소리다. 그는 매일 35~40분의 시간을 내서 무언가를 배우면 놀라운 결과를 1달 만에 얻을 수 있다고 한다. 이 법칙에는 5가지의 단계가 필요하다.

1. 무엇을 원하는지 결정하기
2. 필요한 기술이 무엇인지 찾기
3. 검색을 통해 가장 중요한 기술을 찾기
4. 실천하기
5. 계획하고 행동하기

우리는 '엄마표 영어 성공하기'라는 목표가 있고, 이제 필요한 기술이 무엇이고 그중 가장 중요한 기술을 찾아 계획을 세워 처음엔 하루 40분가량을 실천하고, 1만 시간을 서서히 채워 나가면 된다.

우린 영어가 모국어가 아니다. 아이가 영어를 잘하기 위해서 누군가와 매일 영어로 대화할 수 있는 환경이 아니기 때문에 인위적인 영어 환경을 만들어줘야만 아이는 영어를 습득할 수 있다. 뚜렷한 목표를 가지고 영어 습득에 효과가 있는 쉬운 방법을 실천하는 꾸준한 노력만이 아이가 영어를 잘할 방법이다.

2. 선택과 집중

엄마표 영어의 방법은 수없이 많다. 점점 더 많은 방법이 생기고 있으며, 시작하고 실천하는 시간보다 선택을 위해 시간을 더 많이 쓴다. 더 좋은 엄마표 영어 방법을 찾기 위해 이것저것 검색하다 보면 선택의 늪에 빠지고 결정 장애까지 생길 정도다. 선택이 어려워 시작을 못 한다.

이후 몇 가지 방법을 선택해 이것저것 하다 보면 하나도 제대로 못 하고 있다는 의심이 든다. 흔들림 없이 엄마표 영어를 지속할 수 있도록 가장 효과적이면서 단순한 방법을 찾아 실천해야 한다.

무엇인가 성취를 이뤄낸 사람들의 공통점은 가장 중요한 한 가지를 찾아 집중하고 파고드는 몰입을 한다는 점이다. 아이가 흥미를 느끼고 몰입할 수 있는 한 가지 방법을 찾아야 한다. 우리의 뇌는 몰입할 때 더 잘 습득하고 의미 있는 연결(시냅스)을 만들어 낸다.

어떤 언어를 배울 때 1만 시간을 지속하는 가장 쉬운 방법은 그 언어를 모국어로 사용하는 나라에서 생활하거나 모국어처럼 사용하는 사람과 매일 대화하는 것이다. 하지만 우리는 이런 방법을 쓸 수 없다는 조건으로 가장 강력한 하나의 방법을 찾아야 한다.

영어를 공부하는 방법은 수십 가지에 이른다. 이 모든 것을 다 할 수 있으면 좋겠다. 하지만 1만 시간을 지속해야 하는 경우라면 힘들어진다. 1만 시간을 지속할 하나의 강력한 방법은 무엇일까?

3. 스토리Story만 기억하는 뇌

우리 뇌는 선별적으로 정보를 받아들인다. 영어를 잘하기 위해선 아이가 영어를 공부해야 하는 것 같지만 사실은 아이의 뇌가 영어라는 정보를 처리해야 하는 것이다.

나는 '스토리'를 통한 영어 습득이 효과적인 이유를 도널드 밀

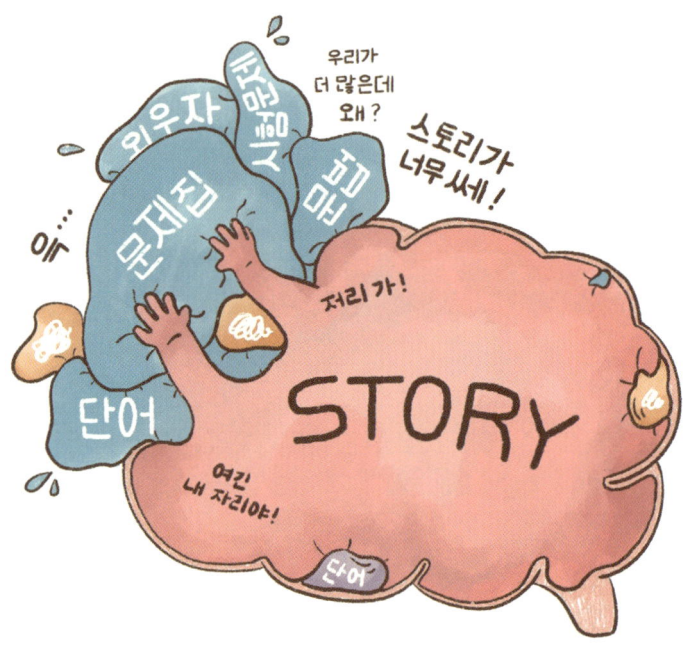

러Donald Miller가 쓴 《무기가 되는 스토리》에서 에이브러햄 매슬로Abraham Maslow의 욕구 단계설과 관련한 내용을 읽으며 생각할 수 있었다. 우리의 뇌는 다양한 정보 중 인간의 기본욕구와 관련된 정보만 선별적으로 기억한다는 내용이다.

즉, 인간이 삶을 살아가는 데 중요한 것들이 아니면 뇌는 많은 정보를 무시한다. 뇌가 영어를 생존하는 데 필요하다고 생각하게끔 만들고 뇌가 이해할 수 있는 정보로 영어를 노출해야 한다. 그렇다면 어떤 방법으로 노출해야 할까? 앞서 말한 대로 스토리다. 세 가지 이유가 있다.

첫째, 인지심리학자 제롬 브루너는 사람이 받아들이는 정보 중 스토리를 통한 정보는 22배나 더 잘 기억한다고 한다. 이는 언어에도 똑같이 적용될 것이다. 영어를 스토리로 들려주는 것은 뇌가 영어를 효과적으로 습득하는 방법이 될 것이다.

둘째, 스토리를 읽으며 뇌의 '뉴럴 커플링Neural Coupling(신경 결합)'을 이용한다. 뉴럴 커플링은 화자와 청자의 뇌 활동이 거울처럼 똑같이 일어나는 현상을 말한다. 청자는 책을 읽는 아이고 화자는 책 속의 스토리다. 아이는 스토리 속 캐릭터 변화에 영향을 받는데, 스토리에 몰입하게 되면 그 스토리가 내가 실제 경험하는 것인지, 가상인지 잘 구분하지 못한다고 한다.

셋째, 우리 뇌는 에너지를 많이 소비하는 정보는 받아들이지 않는다. 예를 들어 백과사전을 한 권 다 읽었다고 해서 한 권을 다 기억할 수 없고, 읽는 도중 우리의 뇌는 끊임없이 그만두라 명령한다. 스토리는 우리가 영어라는 말이 기억에서 지워지지 않도록 도와준다.

정리하자면, 우리가 영어를 습득하기 위해 가장 중요한 한 가지를 찾아 집중하고 파고들어야 하는 것은 스토리다. 아이의 흥미를 오랫동안 붙잡아 놓을 수 있는 것은 스토리밖에 없다. 재밌는 스토리에는 몰입해 빠져들 수밖에 없다. 아이가 영어로 된 스토리에 빠져들면 우리 뇌는 생존, 번영과 관계된 중요한 정보로 인식하여 빠르게 영어를 처리하고 기억해 결국 습득할 수 있게 된다.

우리의 뇌는 기억하는 것 보다, 기억 지우는 것을 더 잘한다. 영어로 공부하는 수많은 단어와 문장들은 기억하고 싶어도 잊어버리지만, 이야기 속에서 주인공이 생존, 번영과 관련된 중요한 사건을 겪으며 스토리로 들려주는 영어는 뇌가 기억하고 습득한다.

스토리로 들려주는 영어는 마치 뇌에 끈적끈적한 스티커가 달라붙은 것처럼 붙어 떨어지지 않는다는 의미로 '스티키 스토리 Sticky Story 영어 습득법'이라 이름 붙였다.

스티키 스토리 영어 습득법을 요약된 형태로 미리 살펴보자. 가장 중요한 '그 한 가지 The One Thing' 스토리를 듣고 읽자. 이 하나만 집중하고 파고들자.

잠깐! 엄마표 영어에 성공하기 위해 주의해야 하는 것들이 있다. 바로 모국어 발달이 잘 이루어지고 있는지 확인하는 것과 미디어 노출의 기준을 세우는 것이다.

{ 스티키 스토리 영어 습득법 : 스스습 }

❶ 영어=놀이
❷ 이미지 듣기 ⋯▶ 스토리 읽기
❸ 1만 시간을 지속하기

엄마표 영어 시작하기 전 주의해야 할 2가지

1. 영어가 모국어 발달에 방해가 될까?

0~3세 엄마표 영어를 실천하는 엄마들은 영어에 앞서 모국어에 대한 걱정이 먼저다. '아이가 현재 모국어 발달이 느린 건 아닐까?', '영어가 모국어 발달에 방해가 되지 않을까?' 하는 걱정을 한다. 답을 먼저 하겠다. 아이에 따라 영어가 모국어 발달에 방해가 될 수도 있다. 유의해야 한다.

모국어로 이해할 수 없는 말은 외국어도 이해할 수 없다. 초반에는 외국어가 앞서갈 수 있어도 결국에는 한계에 부딪히게 된다. 모국어 언어발달에 무엇보다 힘써야 하는 이유다.

위의 표를 바탕으로 지금 내 아이의 나이와 발달과제를 살펴보고 모국어의 발달을 도우면 된다.

부모가 언어발달을 도와줄 핵심적인 방법은 다음과 같다.

연령에 따른 언어 발달 과정

나이	언어 발달
~6개월	· 소리에 반응한다, 옹알이
~18개월	· 단일 단어시기, 150개 정도 단어 이해
~24개월	· 두 단어를 결합하여 표현 예) 엄마+주다 = 엄마 줘!
~36개월	· 3~4단어를 결합하여 표현 · 본격적으로 대화가 가능
~48개월	· 시간 개념이 생기며, 조사, 형용사, 부사를 사용할 수 있음

· 대화가 가능하지 않은 시기

익숙한 상황에서 일어나는 일들을 중계방송하듯 반복해서 말하기

· 대화가 가능한 시기

아이의 말에 경청하며 질문을 통해 말하기와 생각하기를 할 수 있도록 자극 주기

위의 발달단계별 수행과제를 확인해 보고, 도달하지 못한 부분이 있다면 영어 노출 시간을 줄이거나 잠시 영어 노출을 중단 후 모국어를 탄탄하게 한 뒤 다시 노출해도 늦지 않다. 모국어가 탄탄한 아이는 초등 이후에 영어를 노출해도 빠르게 습득하는 예도 많다.

2. 미디어 노출의 기준

영상물 노출에 앞서, 영상물 시청이 인체와 뇌에 해로운지에 대한 정확한 사실 확인이 먼저다. 누가, 무슨 근거로 영상물 시청이 나쁘다고 했는지 확인해야 한다. 영상 노출과 관련된 사실을 정리한다.

영국과 미국의 소아·청소년과 협회에서는 영상 노출에 대한 견해가 다르다. 미국 소아·청소년과 협회에서는 18개월 미만의 아이에게 영상을 자주 보여주거나 아이 혼자서 오랫동안 TV 앞

2016 미국 소아·청소년과 협회의 영상 시청 가이드

연령	영상 시청 방법
0~18개월	• 보여주면 안 된다.
18~24개월	• 원한다면 조금씩 보여주되 부모님이 함께 시청을 도와주고 고품질 영상으로 잘 선택한다.
24개월~만 5세	• 하루 한 시간 미만으로 시청 • 부모님이 함께 시청하고, 고품질 영상으로 시청한다.

에 방치하면 집중력 저하, 발달 지연(특히, 언어), 실행 기능 저하가 올 수 있다고 한다.

영국 왕립 보건 소아·청소년과 협회의 의견은 조금 다르다. 영상 시청이 뇌 발달을 저하한다는 보고는 없다. 영상 시청으로 다른 활동이 저지됨으로써 나타나는 뇌 기능 저하는 있을 수 있다고 발표하였다.

두 곳의 공통점은 현실 세계의 상호작용이 떨어질 수 있는 데에 의견을 같이한다는 점이다. 위의 사실을 바탕으로 12개월 전에

영상 시청의 기준과 방법

연령	영상 시청 방법
12개월 전	영상 노출 없음 (책과 노래만 노출)
24개월 전	하루 10분 영상 노출+이미지 듣기 30분
24개월~ 만 5세	DVD 1편(평균 45분 정도)+이미지 듣기 45분
만 5세 이후	매일 할 일을 한 이후 보상으로 1~2시간 사이의 영상 시청+이미지 듣기 1시간

*이미지 듣기 : 영상이나 책으로 보고 맥락을 이해한 영어 음원을 소리만 들려주는 것

는 영상 노출을 하지 않고 이후 영상 시청을 할 때는 아이와 함께 보겠다고 규칙을 정하자. 12개월 전에는 영어 노래나 클래식 음악을 들려주는 것을 추천한다.

1~2시간의 영상 시청이 아이의 발달에는 문제가 안 되는 학령기의 아이들에겐 어떤 문제점이 있을까?

무분별하게 영상을 많이 시청하고 싶어 하는 아이를 절제시키는 문제다.

미취학의 아이들에게는 유튜브 영상보다는 DVD 영상을 추천한

다. 정해진 시간만큼 볼 수 있다는 장점과 끝이 확실하여 더 이상 볼 수 없다는 것이 인지되는 장점이 있다.

초등학교 입학 후엔 본격적인 국영수國英數 공부가 시작된다. 매일 공부의 약속을 지킨 후 보상으로 1시간에서 2시간 사이의 영상 시청을 추천한다.

엄마표 영어에서 주의점을 해결했다면 아이가 좋아하고 뇌는 영어를 습득하고 엄마의 노력은 줄여주는 '스티키 스토리 영어 습득법'을 알아보자.

스티키 스토리 영어 습득법
1단계: 영어=놀이

영어에 등 돌리는 시간 8초!
아이의 관심을 잡아라

사람의 집중력이 지속되는 시간이 8초라는 사실을 알고 있는가? 영어에 등을 돌리기 전에 엄마에게 단 8초가 주어진다는 말이다. 8초 안에 관심을 끌지 못하면 아이는 뒤돌아 미련 없이 그 자리를 떠난다.

만약에 당신이 휴대전화를 보다 아랍어로 된 글자와 함께 아랍어를 들려주는 영상이 나온다면 8초 이상 보고 듣고 있을 자신이 있는가?

하지만, 그 영상 속에 내 아이가 나온다고 상상해 보자. 그리고 아이의 입을 통해 아랍어 한 단어가 나온다면 당신은 끝까지 그 영상을 볼 뿐만 아니라 아이가 말한 그 단어를 생생하게 기억하고 네이버 검색창을 통해 그 말을 이미 검색하고 있을지 모른다. 당신이 세상에서 가장 좋아하는 것이 내 아이라서 그렇다. 8초 안에 아이의 관심을 영어에 잡아놓을 방법은 오로지 좋아하는 것과 함께 노출하는 방법뿐이다.

내 아이의 취향 파악이 먼저다. 내 아이를 관찰하고 몇 가지 질문에 답을 해보자. 아이의 주된 관심은 무엇인가? 어떤 놀이를 좋아하는가? 내 아이의 취향을 제대로 파악하지 못하면 아이의 관심을 영어에 잡아둘 방법이 없다. 물론 언어 자체를 좋아하는 아이, 문자 자체를 좋아하는 아이도 있지만 모든 아이가 그렇지는 않다. 아이의 관심을 끌지 못하면 영어를 좋아할 확률이 낮아진다.

얼마나 빨리 많은 엄마표 영어의 정보와 팁들을 알아 가는 것은 중요하지 않다. 아이의 취향을 꼭 찾길 바란다. 이제 찾았다면, 내일부터 당장 그 좋아하는 것과 함께 영어를 들려주자. 아이는 책에 집중하지 않을 수도 있다. 아이가 좋아하는 것과 함께 한 문장이라도 재밌고 신나는 목소리로 책을 읽어주거나 그 주제의 노래를 틀어주면 된다. 아이가 좋아하는 것에 영어라는 배경음악을 틀어 놓는다고 생각하자.

영어에 관한 관심을 지속하는 방법:
영어=놀이

그렇다면, 영어에 관한 관심을 지속하는 방법은 무엇인가? 핵심은 '영어=놀이'다.

여기 자동차를 좋아하는 아이가 있다. 아침에 일어나 어제 했던 자동차 놀이가 하고 싶다. 옆에 보니 어제 자동차 놀이를 하면서 듣던 재미난 자동차 책이 있다. 그 책을 보면 신나는 노래가 생각나고 엄마와 함께 주거니 받거니 했던 자동차 놀이 시간이 상상이 된다. 아이는 자동차를 만지듯 책을 집어 든다. 책이 장난감이 되고 친구가 되는 모습이다.

"새로운 것의 창조는 지능이 아니라 내적 필요에 의해 놀기 본능을 통해서 달성된다. 창의적인 사람은 자신이 사랑하는 것을 가지고 놀기 좋아한다." 칼 구스타브 융 *Carl Gustav Jung*

칼 구스타브 융Carl Gustav Jung은 정신분석학의 대가이다.

MBTI 검사도 융의 이론을 바탕으로 만들어졌다고 한다. 무언가를 이뤄내고자 한다면 그것을 진정으로 좋아하고 놀이로 즐겨야 한다는 뜻이다. 놀기 좋아하지 않는 아이는 없다. 아이는 영어를 놀이라고 생각해야 영어를 들어주고 봐주고 읽어줄 것이다.

이제 우리는 해야 할 일이 명확해졌다. 영어를 놀이라고 생각하게끔 만들면 된다. 영어가 놀이가 되어야 한다고 해서 엄마가 영어로 말을 걸어주고 영어로 된 활동지를 풀고 무언가를 만들면서 영어로 학습하라는 뜻이 아니다. 물론, 독후 활동도 아이의 영어 실력 향상에 도움이 될 수 있다. 도움이 되지만 꼭 필요한 것은 아니란 뜻이다. 엄마가 준비하는 과정이 힘들다면 하지 않아도 된다. 기억해야 하는 것은 우리는 1만 시간을 지속해야 한다. 힘든 일은 지속하기가 어렵다. 좋아하는 것과 함께 영어를 들려주면 된다.

그렇다면 어떤 영어 소리를 들려줘야 할까? "인류 역사상 가장 위대한 발명은 음악(클래식)이다." 라는 말을 남기며 음악이 주는 이로움을 한 문장으로 표현한 학자가 있다. 다중지능 이론의 창시자 하워드 가드너Howard Gardner다.

최근 뇌에 관한 연구가 활발히 진행되면서 언어발달과 관련된 다양한 이론들이 많다. 그중, 언어를 관장하는 부분과 노래를 관장하는 부분이 같은 곳에서 움직인다는 이론이 있다. 음악과 언어는 습득 과정이 같으며 영어를 노래로 자주 들려주고 접해준다면 언어 습득에 도움이 된다고 한다. 다양한 노래를 듣고 불러본 아이들은 어휘력이 풍부해지며 기억력이 높아진다. 노래를 이용한 언어학습이 아이의 두뇌에 오랫동안 남아 잊히지 않기 때문이다.

즉, 아이가 영어에 관심 가지고 놀이로 생각하기 위해선 엄마가 아이의 취향을 파악해 아이가 좋아하는 주제로 된 책들을 준비해 놓고 영어를 놀이처럼 스토리와 노래로 노출하면 된다.

아이가 자동차 놀이를 하면 자동차 영어책과 노래를, 공놀이 하면 공놀이 영어책과 노래를, 물고기 장난감을 만지면 물고기 영어책과 노래를 틀어 놓고 같이 부르며 즐겁게 놀아준다. 엄마의 사심은 다 채웠지만, 아이는 영어 공부를 한 게 아니고 엄마랑 놀았다고 생각한다면 성공이다.

이중언어 아이들의 도전을 위한
7가지 일상 영어 노래

바바라 바우어Barbara Abdelilah-Bauer 저자의 《이중언어 아이들의 도전》이라는 책을 읽었다. 이 책에서 아이가 말을 배우기 위해서는 주변 사람들과의 상호작용이 필요하며 이때, 주변에서 하나의 언어만 사용하면 아이의 언어는 하나가 되고 두 개 이상을 사용하면 여러 개의 언어를 배워 바이링구얼이나 멀티링구얼이 된다고 한다.

이중언어를 사용하지 않는 환경에서 이중언어는 불가능하다는 말인가? 책을 반복해 읽고, 나는 책 속에서 영·알·못 엄마도 할 수 있는 방법을 찾을 수 있었다.

심리학자 제롬 브루너에 따르면 아이가 말을 배울 수 있도록 동기를 유발하는 것은 아이가 처한 환경(특히 엄마)이라는 것이다. 목욕, 식사, 잠재우기 같은 의례적인 상황들을 반복해서 말해주면 아이는 엄마의 말을 쉽게 알아듣게 된다. 이렇게 주변 인물과 반복된 정서적 상호작용을 하면서 아이가 언어를 익히게 된다

유튜브 슈퍼 심플 송 Super simple song 추천 음원 제목

아침	♪ Good Morning, Mr. Rooster. ♪ How's The Weather?
식사	♪ Do you Like Broccoli Ice Cream?
씻기	♪ The bath Song
입기	♪ This is the way we get dressed ♪ Put on your shoes
놀이	♪ What's your name? ♪ What do you like to do? ♪ What's your favorite color? ♪ The shape song 2 ♪ This is a Happy Face ♪ Hide And Seek ♪ Rock Scissors Paper ♪ I See Something Blue
청소	♪ Clean Up Song
저녁	♪ This is the way we go to bed

는 것이 브루너의 주장이다.

즉, 아이는 영어로 상호작용이 있어야 의사소통을 위한 언어로 영어를 받아들인다는 점이고 일상과 관련된 쉬운 영어를 매일 반복해 말하고 들려주면 된다는 것이다.

앞서 언어는 노래와 함께 노출할 때 효과가 크다고 했다. 다양한 노래들이 있지만 누구나 쉽게 접근할 수 있는 일상을 말하는 노래를 생활 속에서 함께 노출한다.

유튜브에 쉽게 찾아 들을 수 있는 슈퍼 심플 송 음원의 제목이다. 이와 같은 노래를 일상 상황에 맞춰서 듣기도 하고, 반복하며 듣기도 한다.

아이가 좋아하는 노래를 찾아 일상을 노래로 들려주며 확장해 나가고 매일 듣다 보면 외워지는 노래를 같이 따라 부르면 된다. 하나의 예시일 뿐이다. 직접 만들어 보자.

스티키 스토리 영어 습득법
2단계: 이미지 듣기 > 스토리 읽기

엄마표 영어는 영어도 모국어처럼 습득할 수 있다는 것에서부터 시작되었다. 모국어 습득 과정을 생각해 보면 글자와 함께 모국어를 배우는 게 아니다. 언어를 습득하는 첫 시작은 듣고 이해하는 것에서부터 시작된다. 언어를 듣고 이해할 수 있어야 말할 수 있고 이후에 문자를 배우며 글을 읽고 쓸 수 있다. 귀로 듣고 입으로 표현할 수 있는 구어 능력을 먼저 갖추는 것이다.

듣기가 먼저다. 영어 듣기를 하루 3시간을 목표로 노출한다. 다만, 만 3세 전 모국어의 발달이 무엇보다 중요하므로 영어 노출의 시간을 아이의 상황에 맞추어 조절한다.

어떤 영어를 들려줘야 할까? 듣기만 해도 맥락이 이해되는 보고 이해한 경험이 있는 음원을 들려줘야 한다.

그렇다고 매번 영어 영상을 틀어 줄 수는 없다. 미국 소아·청소년과 협회의 미디어 노출과 관련된 연구 결과에서는 아이 나이에 따라 12개월 전에는 영상 노출을 하지 않아야 하고, 24개월 전에는 영상을 조금씩 노출해야 한다고 했다. 조금이라는 애매한 시간을 어떻게 충분한 시간으로 만들 수 있을까?

아이의 뇌에는 해롭지 않으면서 영어 소리를 효과적으로 노출할 방법을 뇌 과학에서 찾아 '이미지 듣기'라 이름 붙였다. 뇌 과학을 이용한 영어 소리 노출 법은 3가지를 이용한다.

첫째, 영어에 스토리를 입힌다.

둘째, 뇌는 이미지를 소리와 함께 기억하고 나중에 소리만 들려줘도 이미지를 떠올린다.

셋째, 뇌에서 노래를 관장하는 부분과 언어를 관장하는 부분이 같은 곳에 있다.

이미지 듣기란 영상만 보고도 무슨 상황인지 영어 소리와 매칭이 잘 되는 영상을 시청한 후 매일 그 영상 속의 노래나 음원을 오디오로 듣는다. 보고 맥락을 이해한 영상을 다시 소리로 들려주면서 머릿속에서 이미지가 그려질 수 있도록 해주는 것이다.

앞서 154쪽에서 제시한 영상과 이미지 듣기 가이드를 다시 보자. 아이의 상황에 맞춰 기준을 세워 보길 바란다.

영어를 하나도 모르는 아이가 영어를 이해하기 위해서는 어떻게 해야 할까? 먼저 쉬운 단어부터 이해하고 알아 가야 한다. 간단한 문장과 단어를 말소리와 함께 익히는 단계다. 영유아를 위한 국·내외 영어전집, 한 페이지에 1~2개 단어의 쉬운 그림책에서 시작하여 1~2개 문장으로 된 책으로 확장해 영어를 듣고 보고 읽으며 나가면 된다. 이때 책으로 본 내용을 이미지 듣기로 매일 반복한다. 영어책을 구입할 때 이미지 듣기를 염두에 두고 음원이 있는 책으로 준비하길 추천한다.

들을 수 있어야 말할 수 있고 읽을 수 있다. 스토리 읽기로 나아가는 과정에서 영어책을 읽어야 한다는 생각에 영어 문자 읽기(파닉스)를 가르칠 필요는 없다. 영어책의 소리를 듣고 이해하면 된다.

그렇다면 파닉스Phonics는 언제 가르쳐야 할까? 영어책 읽기는 문자를 읽는다는 의미보다 영어책의 스토리를 이해하는 것이기 때문에 영어책을 읽기 위해 바로 파닉스를 가르치기보다, 충분히 영어책의 스토리를 들으며 이해하고 말소리를 구분하기 시작할 때 파닉스 교육을 시작하길 추천한다.

영어책을 읽을 수 없는 엄마는 어떻게 해야 할까? 엄마가 영어책을 읽어주지 않더라도 CD 혹은 다양한 매체를 통해 책을 보며 영어를 들으면 된다. 엄마의 발음이 걱정된다면 읽어준 책을 이미지 듣기로 노출하면 된다. 사실, 영어를 잘하는 것은 발음이 좋다는 뜻이 아니다. 걱정하지 말고 다양한 방식으로 영어를 노출하자.

스토리가 스티커처럼
뇌에 붙는 이유

영어가 모국어가 아님에도 영어를 잘하는 사람은 모두 타고난 언어 천재였을까? 영어 잘하는 아이들의 공통점은 영어책을 즐겨 읽는다는 점인데, 책 속의 무엇 때문일까? 답은 바로, 스토리이다.

영어를 잘하기 위해서는 뇌가 영어를 지우거나 무시하지 않고 기억하고 습득해 처리해야 한다고 했다. 영어 잘하는 아이는 타고난 언어 천재라기보다 책의 스토리를 통해 뇌가 영어를 더 쉽게 기억하고 습득해 처리했다는 답을 내렸다. 그렇다면 영어에 어떤 스토리를 입혀야 뇌가 영어를 습득할까? 두 가지만 기억하자.

첫째, 뇌는 우리의 삶을 이어가는 데 중요하다고 생각하는 것만 선별적으로 집중하고 기억한다.

둘째, 영어책을 몰입하여 읽기 시작하면 뇌는 그 이야기가 나의 이야기인 것처럼 생각해 어떤 언어라도 이해하기 위해 노력한다.

즉, 아이가 자신이 이야기 속 주인공이라는 생각이 들 만큼 몰입할 수 있는 영어책을 보고 들으며 1만 시간을 지속하면 된다.

이제 영어책 읽기가 영어를 습득할 수 있는 유일한 방법임을 정확히 인지했다면 어떤 책을 읽어야 할까? 그 답을 세계 최고의 언어학자에게서 찾는다.

세상에서 제일 좋은 책은?

미국의 저명한 언어학자인 스티븐 크라센 박사Dr. Stephen Krashen는 자발적인 읽기는 언어를 배우는 최상의 방법이 아니라 유일한 방법이라 주장한다. 크라센 박사에 의하면 스스로 읽고 싶은 영어 책을 꾸준히 읽다 보면 영어를 습득할 수 있다고 한다.

세계 최초의 여의사 이자 몬테소리 유아 교육의 창시자 몬테소리 여사는 아이들이 주도적으로 주제를 정해서 자발적으로 공부한다면 즐거움을 느낄 뿐 아니라 엄청난 몰입과 집중력을 보인다고 했다. 즐겁게 몰입하며 집중하면 탁월한 성취를 올리는 것은 당연하다.

세상에서 가장 좋은 책은 아이가 읽고 싶어 하는 책이다.

영어 잘하는
아이의 비밀

나는 다양한 엄마표 영어 관련 서적을 읽으며 영어 잘하는 아이들이 한 가지 동일한 생각을 한다는 점을 발견했다. 바로, 나는 영어를 잘하는 사람이라는 정체성을 가지고 있다는 점이다.

영어를 잘하는 사람이라는 정체성은 어떻게 생길까? 사람은 누적된 성취를 통해 자존감이 상승한다고 한다. 영어도 이와 같다. 아이의 읽기 레벨에 맞는 쉽고 재미있는 영어책을 자주 들어 저절로 외우거나, 책을 스스로 읽어내는 경험을 반복하면 된다. 이를 통해 아이는 성취감을 느끼고 자존감이 상승해 나는 영어를 잘한다는 자신감과 함께 영어 잘하는 사람이라는 정체성이 생기게 된다.

영어를 잘하는 아이가 성취를 경험했다면, 영어를 싫어하는 아이들은 어떤 경험을 한 것일까?

우리나라 소아정신과 전문의 서천석 박사의 이야기에서 힌트를 얻어 보자. 아이들은 누구나 똑똑해지고 싶어 하고 공부를 좋아하는 존재라고 말한다. 다만, 어린 나이부터 시작되는 시험의 두려움과 성적표의 점수가 좌절감으로 이어져 공부를 싫어하게 된다고 한다. 영어도 이와 같다. 영어를 배우는 과정에서 아이를 점수로 레벨로 나누고 평가하면 안 되는 이유다.

영어책의
레벨과 종류

영어책의 레벨 찾기 (렉사일 지수, AR 지수)

미국 학년	AR 지수	렉사일 지수
유치원	1~1.0	110L~200L
1	1.5~2.5	200L~450L
2	2.5~3.0	450L~550L
3	3.0~4.0	550L~700L
4, 5	4.0~6.0	700L~900L
6	6.0~8.0	900L~1000L

영어책을 어떤 기준으로 골라 어떤 순서로 읽어야 할까? 영어 영상은 아이의 수준에 딱 맞는 걸 찾기가 어려울 수가 있지만 책은 레벨별로 분류가 되어있다. 아이의 수준을 고려해 영어책의 단계와 종류를 미리 생각해 갖춰 놓고, 그 안에서 고를 수 있도록 하자. 첫 번째 표는 영어 읽기 능력 레벨을 나누는 기준이다.

영어책의 종류

종류	특징
그림책	• 그림 위주로 이야기가 전개되는 책이다. • 그림책은 아주 쉬운 것부터 초등 고학년도 즐길 수 있는 그림책까지 다양하다.
리더스북	• 읽기를 배우기 위한 책. 문장구조를 익히기 좋다. • 레벨 표시가 되어있어 수준에 맞는 책을 체계적으로 읽을 수 있는 장점이 있다.
챕터북	• 그림책에서 소설로 바로 넘어가기 어려울 때 징검다리 같은 역할을 해주는 책이다.
소설	• 문학 작품 • 감동과 교훈을 주는 작품들이 많다.

표의 미국 학년은 우리나라 아이들의 학년이라고 생각해도 좋다. 평균적으로 미국 학년 1학년은 AR 지수Accelerater Reading 1.5~2.5 정도, 렉사일 지수Lexile Measures로는 200~450L 정도를 읽고 있다고 생각하면 된다. 숫자가 커질수록 난이도가 높아진다고 생각하고 대략적인 감을 잡으면 된다.

법칙이 아니다. 위의 표를 참고해서 책의 수준을 파악하면 된다. 영어책의 레벨을 높게 권수는 많이 읽게 된다고 영어를 잘하게 되는 것이 아님을 알아야 한다. 좋아하는 영어책을 몰입해서 읽는 것이 영어 습득에는 더 도움이 된다.

책 레벨을 높이는 방법은?

영어책 읽기는 꼭 문자를 읽는다는 뜻이 아니다. 영어책의 말소리를 듣고 스토리를 이해한다는 뜻이다. 문자를 익힐 준비가 안 된 상태에서 파닉스 교육을 하는 것보다 영어책을 듣고 이해하며 아이의 속도에 맞춰 책 레벨을 높여나가자. 책 레벨을 높이는 것은 어려운 책을 읽을 수 있는 것이 아니라, 듣고 이해할 수 있는 것이 기준이 되어야 한다.

1단계부터 시작하여 천천히 반복하며 다음 단계로 넘어간

단계별 영어책 가이드

1단계	유아용 국내외 영어전집+그림책
2단계	그림책+리더스북
3단계	그림책+리더스북+챕터북
4단계	챕터북+소설

다. 문자를 가르치지 않아도 스스로 배우는 아이가 있고 문자 익히기가 어려운 아이들이 있다. 일찍 파닉스를 시작한다고 빨리 끝나는 것이 아님을 알아야 한다. 오히려 마음의 여유를 가지고 더 많은 시간 영어 소리에 노출하길 바란다.

영어 습득의 중요한 점은 영어로 된 스토리에 몰입하는 것이지 어려운 책을 빨리 읽어야 한다는 뜻이 아니다. 자연스럽게 레벨을 높여나가야 한다.

영어 거부 시기를
슬기롭게 보내는 방법

"영어 싫어! 나는 영어 안 해."

둘째 22개월쯤부터 서서히 시작된 영어 거부가 26개월쯤 절정기를 맞았다. 우연히 하게 된 영어로 말하는 놀이 모임으로 절정기에 달한다. "살고자 하면 죽을 것이고, 죽고자 하면 살 것이다." 영어 거부의 조짐이 보이는 찰나 모임에 들어가 영어 거부를 극복해 보려 했던 나에게 딱 맞는 명언이다. 어릴 때 듣던 영어 노래를 제외하고 그 어떤 영어 소리도 거부한다. 아쉽고 안타까운 마음을 표현할 길이 없다. 영·알·못 엄마가 고군분투하며 노출한 영어 소리가 내 노력과 함께 소음이 되어 날아가는 것 같다.

나의 육아에 위기가 찾아온 것이다. 마음을 다잡는다. 일관된 양육 태도보다 더 중요한 것은 없다. 핵심 가치를 지키며 살 것이다. 언제나 일관된 양육 태도를 유지하기로 했다. 영어 거부도 수용해야 한다. 사랑, 공감, 자기 긍정, 자기 주도, 배려, 기여에서 벗어나지 않는다. 오히려 자기 주도로 싫다고 말할 수 있는 마음에 동참해야 한다. 기꺼이 수용하기로 한다.

그렇다면 이제 이 시기 우리는 무엇을 하며 아이와 시간을 보내야 할까? 현실적으로 생각해 보자. 아이에게 도움이 된다고 생각해야, 부모도 영어를 강요하지 않고 다시 받아들일 때까지 참고 기다릴 수 있다. 실제로 아이에게 도움이 되고 아이가 즐겁게 시간을 보낼 수 있어야 한다. 한글 그림책을 읽기로 한다.

그림책은 어떻게 읽어줘야 할까? 아이들은 스스로 재미를 느낄 때 더 잘 배운다. 아이가 원하는 대로 읽어주자. 영어 그림책도 배경처럼 바닥과 벽에 깔고 세워 놓고 영어책이나 영어 영상 속 캐릭터 인형과 함께 역할 놀이를 해도 좋다. 아이가 다시 영어에 관심과 흥미를 느낄 수 있도록 좋아할 만한 것을 찾아보자.

모든 이야기에 발단-전개-위기-절정-결말이 있다고 했다. 위기가 오고 실패하고 다시 시작할 때 절정이 오고 행운이 찾아온다.

한글책 읽기를 통해 키운 모국어 능력과 문해력은 영어를 거부하지 않게 되는 시기에 영어책에도 똑같이 적용될 것이다. 영어 거부의 시기가 온다면 문해력이라는 행운을 거머쥐자.

{ 영어 거부의 원인 }

1. 영어가 무슨 소리인지 못 알아들어서

- 해결 방법 : 쉬운 영어를 노출하자.

2. 영어에 수치심을 느껴서

- 해결 방법 : 영어로 말을 걸거나, 아이의 영어 실력과 관련해 평가 하지 말 것.

3. 영어를 학습으로 느껴서

- 해결 방법 : 강요하지 말자. 보고 싶은 영상이나 책을 자발적으로 선택하도록 하자.

아이의 학업과 미래에 보험을 들자

아이의 학업과 미래에 보험을 들어줄 수 있다면 얼마나 좋을까? 짐 트레리즈Jim Trelease의 저서《하루 15분 책읽어주기의 힘》에서는 평범한 시골 마을의 크리스토퍼 이야기가 나온다.

우리나라의 수능시험과도 비슷한 미국의 ACTAmerican College Testing에서 만점을 받은 시골 마을의 크리스토퍼는 유아기 때부터 시작한 부모의 하루 30분의 책 읽어주는 습관이 그를 ACT에서 만점을 받게 해줬다고 한다. 책 읽기의 중요성을 강조하는 저자는 책 읽어주기는 일종의 보험증권과도 같다고 말한다.

영어책은 한글책보다 훨씬 많다. 영어책으로 언어를 배우면서, 책 속에 담겨 있는 지식과 교훈도 함께 얻을 수 있다면 얼마나 좋을까?

앞으로 수능, 대입 체계는 어떻게 바뀔지 장담할 수 없지만 미래 교육의 방향은 학생 스스로 생각하는 힘을 기르는 것이다.

영어책 읽기는 스스로 생각하는 힘을 기를 방법이 된다. 우리는 단순히 영어를 잘하는 아이를 넘어서서 이해력과 문해력이 뛰어난 아이, 새로운 4차 혁명 시대에 적응해 잘 살아갈 수 있는 아이로 성장하길 바라지 않는가?

위에 수도 없이 열거한 다양한 사례들과 성공한 사람들의 이야기에서 빠질 수 없는 책 읽기를 통해 우리 아이의 미래에 작은 보험을 들어준다는 생각으로 실천해 보는 건 어떨까?

지금까지 이미지 듣기에서 스토리 읽기로 나아가는 영어 습득의 공식을 살펴보았다. 너무 단순하다고 생각하는가? 엄마표 영어는 엄마와 아이가 한 팀이 되어 영어라는 도구를 움켜쥐는 하나의 프로젝트다. 지금부터 이 프로젝트의 성공 비밀을 알려주겠다.

아이와 엄마는 한 팀이다

엄마표 영어는 아이와 엄마가 한 팀이 되어 영어라는 도구를 습득하는 하나의 프로젝트를 진행해야 한다. 아이가 스스로 영어책과 영상을 즐기고 볼 수 있을 때까지 초반에는 엄마의 역할이 크다. 그때, 절대 아이를 끌어당기며 지적과 감시를 하면 안 된다. 엄마표 영어 실패의 가장 큰 이유는 아이가 영어를 거부해 엄마와 아이가 지쳐 중간에 포기하는 것이다. 엄마의 지적과 감시는 아이가 영어를 싫어하게 되는 원인이 될 수 있다.

그저, 아이가 영어라는 언어로 된 이야기에 푹 빠질 수 있도록 아이의 취향과 관심사를 살피며 영어책과 영상을 준비하고, 일상에 꾸준히 노출하는 루틴을 만들어 매일 들려주고 보여주는 실천이 필요하다. 엄마표 영어에 지름길은 있을까?

세스 고딘Seth Godin은 저서 《린치핀》에서 천재란 어려운 문제에 대한 해법을 찾아내는 남다른 능력과 통찰이 있는 사람이라고 한다. 엄마는 엄마표 영어를 선택한 이상 천재가 되어 팀을 이끌어야 한다. 다른 사람들이 보지 못하는 지름길을 찾아보자. 내가 찾은 영어 습득의 지름길은 뇌가 받아들이는 영어 정보, 즉 스토리를 통해 영어를 1만 시간 동안 노출하는 단순함이다.

이제 실천하는 것이 중요하다. 모든 이야기에 발단-전개-위기-절정-결말이 있듯 위기가 오고 실패하고 다시 시작할 때 절정이 오고 행운이 찾아온다. 영. 알. 못 엄마도 할 수 있다. 아이를 위해 시작하고 실패해 결국 성공할 믿음만 있다면 이제, 영어로부터 자유로운 아이를 키워낼 사람은 바로 당신이다.

엄마표 영어 성공을 위해
아이와 부모가 가야 할 길

우리가 성공하기 위해서는 성공한 사람의 삶을 깊이 있게 관찰하고, 배우고, 실천하면 된다. 가장 쉬운 방법은 그들에게 직접 듣는 것이다.

여기 페이스북의 창시자 마크 저커버그Mark Zuckerberg가 대중에게 말해주는 성공의 비밀이 있다. 그의 입으로 한 가지 비밀을 알려주겠다고 말하며 시작하는 2017년 마크 저커버그 하버드 졸업 축사 연설이다. 읽어보자.

"제가 비밀을 하나 알려 드릴게요. 시작할 때는 아무도 모릅니다. 아이디어는 완전한 형태로 나오는 게 아닙니다. 실행하는 과정을 통해 명확해지는 겁니다. 일단 시작하는 게 중요합니다. 우리가 하는 모든 일에 실패는 생길 수밖에 없습니다. 가장 위대한 성공은 실패할 수 있는 자유에 달려 있습니다."

마크 저커버그 Mark Zuckerberg

"나는 선수 생활을 하면서 9,000개가 넘는 슛을 놓쳤다. 거의 300회에 달하는 경기에서 패배했다. 승패를 가를 수 있었던 슛 기회에서 26번이나 실패했다. 나는 사는 내내 계속해서 실패하고 또 실패했다. 이게 바로 내가 성공한 이유다."

마이클 조던 Michael Jordan

나는 100권의 책으로 성공한 사람을 만났고, 그들의 말속에서 찾은 비밀이 하나 있다. 실패란 없다. 시작하고 실패하고 반복하며 결국 성공하는 과정을 믿어라. 부모의 믿음과 지지가 있다면 아이는 시작하고, 실패하고, 반복하며 결국 성공할 것이다.

> **❶ 아이가 가야 할 길**
>
> **1단계** 영어=놀이   **2단계** 이미지 듣기 ⋯▶ 스토리 읽기
>
> **❷ 엄마가 가야 할 길**
>
> 시작하기 ⋯▶ 실천하기 ⋯▶ 실패하기 ⋯▶ 반복하기 ⋯▶ 성공하기

최고의 전략은 어디서든 그냥 **시작하는 것**

토드 헨리Todd Henry는 저서 《데일리 크리에이티브》에서 어

디서부터 시작할지 고민하지 말고 그냥 시작하면 결국 원하는 곳에 도달할 수 있다고 한다.

세계적 생물학자 베른트 하인리히Bernd Heinrich는 사소한 사건이 꾸준히 쌓여 마침내 엄청난 영향력을 발휘하는 자연의 운영 방식에 경탄을 금할 수가 없다고 말하며, 작은 씨앗들이 땅에 떨어지는 시작이 있고, 시간이 흘러 거대한 초원도 만들어진다고 한다.

오늘 엄마표 영어를 시작했다고 해서 몇 달 후에 바로 영어로 말하는 아이는 없다. 엄마표 영어에 성공할 유일한 방법은 시작하고 습관으로 만들어 실천하는 것뿐이다. 그리고 믿어라.

"행운은 계획에서부터 시작된다."

브렌치 리키 Branch Rickey

"불가능한 것을 손에 넣으려면 불가능한 것을 시도해야 한다."

미겔 데 세르반테스 Miguel de Cervantes

"삶에서 가장 파괴적인 단어는 내일이라는 단어이다."

로버트 기요사키 Robert T. Kiyosaki

실천하기 위해 필요한
단 1가지 '목표'

목표 내가 알게 된 것을 믿고 시작하고, 실천하고, 실패하고 다시 반복한다. 그리고 성공한다.

엄마표 영어에서 엄마의 목표는 왜 필요하며, 무엇이어야 할까? 아래는 미국의 보험왕 출신 억만장자인 성공 행동가 폴 j 마이어 Paul J. Meyer가 연구한 목표 설정과 관련된 연구 결과이다.

미국인의 3%가 목표와 계획을 글로 확실히 써 놓고 10%가 인생의 목표로 삼는 생각을 가지고 있으며 60%가 목표 설정을 고려하지만, 금전적인 이유로 포기하며 27%는 목표 설정이나 미래에 대해 생각하지 않는다. 이는 미국인의 엄청난 성공을 거둔 3%, 적당히 부유한 10%, 서민 60%, 국가 보조에 의해 살아가는 27%의 시민 구성과 일치한다는 연구 결과이다.

내가 이루고자 하는 것을 목표라는 형태로 시각화한 사람만이 성공했다는 것이다. 뚜렷한 목표를 만들어라. 엄마의 목표는 아이가 영어를 잘하는 것이 아니다. 그건 아이의 몫이다. 엄마의 목표가 아이의 성과가 되면, 1만 시간을 기다릴 수 없게 된다. 그럼, 아이는 영어를 잘하기 힘들다.

엄마의 목표는 아이의 성과보다 엄마의 포기하지 않는 실천에 두는 것은 어떨까? 나는 엄마표 영어의 목표를 세워 메시지로 만들었다.

엄마의 진짜 실패는 아이의 성과를 성급히 판단해 포기할 때 온다. 과정에서의 실패는 성공을 위한 열쇠이다. 성과는 1만 시간이 지난 후 그때 확인하자.

성공하기 위해 필요한
단 한 가지 '실패'

실패한 나, 실패했던 나, 실패도 해 봤던 내가 되어야 한다는 글로벌 기업 켈리델리KellyDeli의 창업자이자 회장인 켈리 최 Kelly Choi는 저서 《웰씽킹》에서 무수한 실패가 쌓여야 언젠가 성공의 기회가 찾아온다는 사실을 잊지 않아야 한다고 말한다.

성공한 사람들의 실패와 관련한 명언은 수도 없이 많다.

"완벽히 패배하는 순간 한 걸음을 떼는 것으로 성공을 이루었다."

"실패는 교활하고 모순적인 사기꾼이다. 실패를 성공에 거의 도달했음을 알려주는 신호로 여기고 기뻐하라."

"실패는 없다. 실패는 성공의 어두운 가면을 쓰고 올 뿐이다."

이뿐만 아니다. 우리가 잘 알고 있는 오프라 윈프리, 스티브

잡스, 마크 저그 커버 등 위대한 성취를 이룬 모든 사람은 실패했고, 실패가 궁극적으로 그들을 성공으로 이끌었다고 한다.

우리가 해야 할 일도 마찬가지다. 실패하고 다시 반복하라. 엄마표 영어를 하는 중간 의심의 순간, 실패하고 있는 듯한 순간이 찾아온다. 포기하지 말고 다시 시작하자. 부모는 스스로 의지를 다질 수 있다. 그렇다면, 아이가 실패를 견디고 다시 시작할 힘은 어디에서 나올까? 부모의 지지와 응원이다.

1만 시간의 법칙이 누구에게나 동일하게 적용된다고 해도 엄마표 영어에 다 성공하지 못하는 이유는 무엇일까? 영어 소리 노출의 시간을 평균 하루 2~3시간을 목표로 한다. 자신의 힘만으로 위의 시간을 지속하기 힘들다. 격려해 주고 지원해 주는 부모가 필요하다.

1만 시간을 노출하면 영어를 습득할 수 있는 뇌의 기능을 이용하고 1만 시간을 버티기 힘든 인간의 한계를 이해하자. 인간이 무엇인가를 잘할 수 있게 되는 본질에 집중하라. 1만 시간을 지속할 수 있으면 된다는 점이다. 1만 시간의 시간 동안 잘하고, 못하고, 정확하고, 부정확한지는 중요하지 않다. 그리고 한 가지 진짜 중요한 사실은 1만 시간을 지속하는 것은 혼자서는 하기 힘들다는 점이다.

매일 3시간씩 10년간 해온 일이 있는가? 그 힘든 일을 우리 아이들이 앞으로 해야 한다. 무언가를 배우는데 재미가 있어도 지속하기 힘든 1만 시간이다. 그런데 거기에 누군가의 지적과 평가가 더해진다면 어떨까?

아이가 지금 영어를 못한다고 걱정하지 말자. 다시 한번 말하지만, 1만 시간을 버틴다면 영어는 잘할 수 있다. 엄마의 역할은 지지와 지원이다. 틀렸을 때 콕 찍어 지적하는 것은, 부끄러운 마음을 수치심으로 바꿔 아이를 포기하게 만드는 제일 좋은 방법이라는 걸 잊지 말자. 성공한 자들이 다양한 방법으로 확인한 법칙들을 믿어 보자.

"다시 시작하기 위해선 부모의 지원과 지지가 필요하다."

4장

나는 여우 엄마였고, 백조 엄마였고, 돼지 엄마였다
단톡방의 그녀가 당신을 통제하려 한다면
나와 아이의 내일을 기대하게 만드는 3가지 방법
아이와 단 한 권의 책만 읽을 수 있다면

나는 모든
엄마 스트레스에서
해방된다

Chapter 4

나는 여우 엄마였고,
백조 엄마였고, 돼지 엄마였다

1

2020년 2월 코로나가 싹을 틔우고 있을 무렵 만삭의 나는 조금씩 해온 부동산 투자를 계속하기 위해 아파트 분양권을 계약했다. 코로나 속에서도 아파트 가격은 연일 상한가를 친다. 유일하게 나에게 기쁨을 주던 내 분양권이 2022년 초여름 입주 시기를 맞아 미국의 급격한 금리 인상으로 마이너스 프리미엄으로 돌아서고 있다. 그렇다. 나는 상투를 잡았다. 기존에 보유한 집이 매매가 안 되면서 돌 반지, 금두꺼비 다 팔아 겨우 입주에 성공했다.

'인생살이 새옹지마', '그때는 맞고, 지금은 틀리다.'

인생의 교훈은 이렇게 쓴맛과 함께 온다.

2

입주한 아파트 카페에도 단톡방은 있다. 더 이상 어떤 엄마 모임도 입성하지 않겠다는 나는, 아파트 단톡방은 엄마 모임이랑은 다르다고 생각했다. 아파트 단톡방에서도 엄마 단톡방이 개설되었고, 둘째의 기관 선택의 정보를 얻기 위해 나는 아파트 엄마 단톡방에 입성한다.

단톡방 내 이름은 24개월 다정맘. 아파트 놀이터 투어가 시작되었다. 나는 티타임을 한다. 자연스럽게 흘러가는 시간 속에서 내가 단톡방 다정맘이란 사실을 당연하게 받아들이고 있을 때쯤 24개월~36개월까지 영어 놀이를 함께할 엄마를 찾는 톡에 답을 하고도 당시에는 몰랐다. 나는 이 일이 또다시 나와 아이를 힘들게 하리라는 것을.

놀이터에는 영어로 말하는 엄마들이 있다. 자연스럽게 나는 영어 놀이 단톡방에 입성하고, 그들과 함께 놀이터 놀이 시간을 보낸다. 영어 놀이 모임을 주도한 원준 엄마는 외국계 회사에 다니는 영어를 잘하는 엄마다. 주말마다 모여 아이들과 영어로 재밌게 대화하며 놀아주는 그 엄마 덕에 모임은 뿌듯하고 든든하다. 처음엔 20명 가까이 모였지만, 소통하는 인원은 6명으로 좁혀졌다.

다정이는 부끄러움이 많아 영어 놀이 모임에 가면 내 옆에 찰싹 달라붙어 말을 하지 않는다. 어떤 엄마는 아이가 말은 할 줄 아는지 묻기도 했다. 다른 곳에선 말도 잘하고 잘 노는 아이라 그런 말에 마음이 쓰이지는 않았다.

일요일 오후 4시 초여름의 더운 날씨 속 아이스 아메리카노는 필수다.

"오늘 계산은 제가 할게요."

젊은 새댁 샛별 엄마가 커피를 산다고 한다. 샛별 엄마는 선한 사람 같다. 나는 항상 말없이 아이들을 선한 눈빛으로 바라보는 샛별 엄마를 좋아한다. 외국계 회사에 다니는 바쁜 원준 엄마를 대신해 가끔 원준이를 집에 데려가 밥도 주고, 같이 놀아준다는 것도 참 대단하다고 생각했다.

"저기 원준 엄마…… 내일은 제가 일이 있어서 원준이를 못 봐줄 것 같아요. 약속한 건 아니었지만, 월요일마다 제가 봐줬었잖아요……?"

"아니, 샛별 엄마, 갑자기 그러면 어떻게 해? 아…… 어떡하지…… 나 진짜 곤란한데. 샛별 엄마, 결혼하기 전에 어떤 회사 다녔어? 혹시 사회생활 경험 없어?

나는 내 두 눈과 귀를 의심했다. 우리는 언제 어디서든 무례한 사람의 타깃이 될 수 있다. '절대 웃지 마세요!'라고 샛별 엄마에게 텔레파시를 보냈지만, 샛별 엄마는 웃어 보인다.

나는 샛별 엄마의 빨개진 눈을 보고 어떻게든 이 상황을 마무리하고 싶었다.

"요즘도 그런 걸 물어봐요?"

나는 조용히 원준 엄마에게 되물었다.

3

샛별 엄마는 나를 따라오며 지금까지 원준 엄마의 무례한 행동과 원준이가 말을 잘 못 알아듣고 힘들게 한 점들을 일거에 옥수수 털듯 털어내며 내 귀에다 따발총을 쏘아 댔다.

나는 그 순간 다정이가 엄마 영어 모임을 하고 난 뒤부터 "나는 영어 싫어", "나는 영어 안 해"라고 했던 말들이 떠올랐다. 내가 다툼이 있었던 의준이 엄마와 다른 게 뭐였을까? 그녀가 자주 했던 '아이가 배가 고파서', '예민해서'라고 했던 말들을 나는 아이가 '부끄러움이 많아서'라는 말로 내가 보고 싶은 것을 보고 생각했다.

내 머릿속이 복잡했다. 나는 그제야 샛별 엄마가 우리 집 현관까지 같이 오고 있다는 사실을 인지했고, 자연스레 우리 집으로 같이 들어가게 되었다.

다정이는 영어를 잘한다. 내가 만든 영어 습득법은 성공했고, 아이는 책의 그림을 보고 영어로 책을 읽는다. 집에 오자마자 다정이는 영어로 말하며 책을 읽기 시작한다. 샛별 엄마는 눈이 휘둥그레진다.

그렇다. 나는 그 순간 여우 엄마였고, 곧 있으면 정보의 젖 줄기 돼지 엄마가 되는 찰나의 순간에 와있다. 세상 모든 엄마가 의도치 않았다. 그녀들도 나처럼 성장이 필요한 사람일 뿐이었다. 그날 이후, 나는 더 이상 엄마 영어 모임에 나가지 않았다.

단톡방의 그녀가 당신을
통제하려 한다면

타인이 당신을 통제하고 변화시킬 수 있을까? 안된다. 할 수도 없고, 할 필요도 없는 것이다. 반대로 우리는 통제할 수 있는 것에 집중하고 통제할 수 없는 것은 과감히 내려놓아야 한다.

헤일 도스킨Hale Dwoskin 은 저서《세도나 메서드》에서 인간은 4가지 기본욕구인 안정 욕구, 통제 욕구, 안전 생존 욕구, 분리 욕구가 있고, 이 기본욕구로부터 9가지의 다양한 감정이 나온다고 한다.

이런 기본욕구가 충족되지 않을 때 우리는 스트레스받고 우울한 감정이 생긴다고 한다. 예를 들어 아이의 행동을 바로 고쳐주고 싶지만 잘되지 않을 때, 엄마 단톡방의 그녀가 거슬리는 말을 할 때, 기본욕구 중 통제 욕구는 아이와 그녀를 미워하게 하고, 나를 스트레스받게 만들어 결국 우울한 감정까지 생기게 한다는 것이다.

아이의 지금 잘하고 못함은 아이의 몫이고 스스로 하고 싶은 일을 찾아 꾸준히 노력한다면 결국 해낼 것이라고 믿어야 한다. 엄마들과의 관계에서도 나와는 다른 태도로 삶을 살아가는 그녀가 잘못된 것이 아니다. 그녀들의 상황에서 최선을 다하는 나와 같은 사람으로 생각하면 그뿐이다.

내가 할 수 있는 일, 할 필요가 없는 일을 구분하자. 내가 할 수 있는 일은 나를 바꾸는 것뿐이고, 나머지는 그들의 몫이다. 타인을 변화시킬 수도 없고, 변화시킬 필요도 없다.

나와 아이의 내일을 기대하게 만드는 3가지 방법

20살이었던 우리는 어느새 사회생활을 하게 되고, 결혼, 출산, 육아하며 이제 곧 서른, 마흔이다. 그사이 결혼하고 아이를 낳고 키우면서 우리 인생은 이제 결정 난 것으로 생각하지 말자. 미래의 내 아이가 어떤 모습으로 성장하길 바라는가? 아이가 성장해 가정을 이룬 후, 이제 내 인생은 결정 났으니 자녀에게 모든 것을 쏟아부으며 전전긍긍하는 모습으로 살아가길 바라는 부모는 없을 것이다. 미래의 아이가 지금의 내 나이가 되어 어떤 모습으로 살아가길 바란다면 그 모습으로 살아보자.

"때때로 최상의 아이디어들은 가장 단순한 것들이다."

킹 캠프 질레트 King Camp Gillette

48세에 일회용 면도기 아이디어를 떠올려 '질레트Gillette' 면도기를 개발해 '질레트'를 설립했다.

"인생은 마흔부터이다."

마거릿 루드킨 Margaret Rudkin

40세에 아들을 위해 만들기 시작한 빵으로 '페퍼리지 팜Pepperidge Farm' 회사를 설립했다.

"정말 거의 포기할 뻔했어요. 하지만 계속 노력했죠, 내 평생 꿈이었으니까."

베라왕 Vera Wang

마흔이 넘어서 디자이너로 활동하고, '베라왕VERA WANG' 브랜드를 론칭했다.

"나는 45세에 창업했어요. 늦었다는 것은 핑계입니다."

서정진

IMF로 실직한 후 45세에 창업하여 '셀트리온Celltrion' 회사를 설립했다.

나이가 몇이건 주어진 환경이 어떠하건 당당하고 긍정적인 모습으로 삶을 개척해 나가는 사람을 보면 어떤 생각이 드는가? 닮고 싶지 않은가? 아이도 마찬가지다. 앞선 이야기에서 아이는 보고 배우는 것이 더 많다고 했다.

우리의 인생을 돌이켜 생각해 봐도 결국 성인이 된 후 내 인생을 책임질 사람은 나뿐이다. 부모가 해야 할 일은 아이가 자기 주도적인 삶을 살 수 있도록 도울 뿐이다.

아이는 꿈을 향해 가는 비행기의 기장님이다. 우리는 아이가 운전하는 비행기에 탑승해 힘이 되어 주다, 때가 되면 비행기에서 내려 자기만의 비행을 할 수 있도록 응원할 뿐이다.

자기 삶이 여기서 끝이라고 생각하지 마라. 더 나아질 수 있다. 더 나은 삶을 위해 행복한 지금을 살아가는 부모의 모습을 통해 아이는 자주적이고 독립적인 인간의 모습을 배운다. 내일을 기대할 수 있을 때 우리는 행복한 지금을 살 수 있다. 나와 아이의 내일을 기대하게 만드는 3가지 방법이 있다.

1. 나에게 집중하자.

'다른 사람 눈에 나는 어떻게 보일까?'와 같은 남을 의식하는 생각을 하면, 자기 주도의 삶을 살기 힘들다. 다른 사람의 기준에 나를 맞추면 내가 하고 싶은 일은 할 수 없게 된다. 오롯이 나에게 집중해 나만의 가치를 찾아 흔들리지 않는 모습으로 살아가자.

2. 나를 자책하지 말고, 아이를 지적하지 말자.

나의 행동을 자책하고, 나의 행동이 일일이 지적당하면 사람은 자신감을 잃게 된다. 스스로 판단하고 결정하고 책임질 수 없는 사람이 된다.

3. 나와 아이가 실패할 자유를 주자.

앞선 이야기에서 사람은 누구나 시작하고, 실천하고, 실패하고, 반복함으로써 성공한다고 말했다. 자신을 향한 질문으로 나를 알고, 나를 믿고, 실패할 수 있는 자유를 나와 내 아이 모두에게 주자. 나와 아이 모두가 내일을 기대하며 주체적인 삶을 살게 될 것이다.

Epilogue

아이와 단 한 권의 책만 읽을 수 있다면

이 책을 읽은 세상 하나뿐인 소중한 당신에게.

"나는 언제나 행복해요. 나는 언제나 나니까요."라고 말하는 13살의 아이가 있다. 세상에 태어나 휠체어와 인공호흡기를 벗어나 살아본 적이 없는 13살의 아이는 근육성 이영양증이라는 병과 싸우다 5권의 시집을 남기고 세상을 떠났다.

<만약 내가 낫는다면>

매티 스테파넥 Mattie J.T. Stepanek

내가 아직 아이일 때 병이 낫는다면,

나는 자전거도 타고 롤러블레이드도 타고

들로 산으로 긴긴 여행을 떠날 거예요.

내가 고등학생이 되어 병이 낫는다면,

나는 운전면허증을 따서 차를 몰고 다니고

졸업 파티에서 춤이란 춤은 다 출 거예요.

내가 어른이 되어 병이 낫는다면,

나는 세계를 돌아다니면서 평화를 노래하고

결혼해서 아이들을 낳을 거예요.

내가 할아버지가 되어 병이 낫는다면

……

내가 살아 있는 동안 병이 낫는다면,

나는 고통도, 내 몸에 주렁주렁 달렸던 기계도 없이 살아가면서
내가 누리는 이 삶이 고맙다고 말하고 또 말할래요.

내가 하늘나라에 묻힐 때 병이 낫는다 해도,
거기 있는 형과 누나와 함께 나는 기뻐할 거예요.
그 병을 고치는 방법을 알아내는 데 내 몸도 도움이 됐을 테니,
나는 여전히 행복할 거예요.

참고 문헌 및 사이트

책

메튜 룬 지음, 박여진 옮김,《픽사 스토리텔링》, 현대지성, 2022.

짐 콜린스·제리 포라스 지음, 워튼포럼 옮김,《성공하는 기업들의 8가지 습관》, 김영사, 2002.

헤르만 헤세 지음, 박병덕 옮김《싯다르타》, 민음사, 2002.

에리카 라인 지음, 이미숙 옮김,《나는 인생에서 중요한 것만 남기기로 했다》, 갤리온, 2020.

브랜트 멘스워 지음, 최이현 옮김,《블랙 쉽》, 필름, 2022.

헤르만 헤세 지음, 전영애 옮김,《데미안》, 민음사, 2000.

말콤 글래드웰 지음, 노정태 옮김,《아웃라이어》, 김영사, 2009.

조시 카우프만 지음, 방영호 옮김,《처음 20시간의 법칙》, 알키, 2014.

도널드 밀러 지음, 이지연 옮김,《무기가 되는 스토리》, 월북, 2018.

바바라 A. 바우어 지음, 박찬규 옮김,《이중언어 아이들의 도전》, 구름서재, 2016.

스티븐 크라센 지음, 조경숙 옮김,《읽기 혁명》, 르네상스, 2013.

짐 트레리즈 지음, 눈사람 옮김,《하루 15분 책읽어주기의 힘》, 북라인, 2012.

세스 고딘 지음, 윤영삼 옮김,《린치핀》, 라이스메이커, 2019.

앨런 피즈·바바라 피즈 지음, 이재경 옮김,《결국 해내는 사람들의 원칙》, 반니, 2020.

켈리 최 지음,《웰씽킹》, 다산북스, 2021.

헤일 도스킨 지음, 편기욱 옮김,《세도나 메서드》, 알에이치코리아, 2021.

마이클 호위《Genius Explained》, cambridge: cambridge University Press, 1999.

사이트

여수넷통뉴스 <학습된 무기력, 긍정심리학으로 극복할 수 있어>, 2022.10.17
https://www.bbc.com/korean/news-47067048

머니 투데이 <세상을 바꾼 위대한 어머니 ② 수산나>, 2013.06.24
https://news.mt.co.kr/mtview.php?no=2013062221254836835&outlink=1&ref=https%3A%2F%2Fsearch.naver.com

BBC NEWS 코리아 <육아: '영상시청, 유아 발달 저해한다'는 연구결과 나와>, 2019.1.31
https://www.bbc.com/korean/news-47067048

네이버 지식백과: 시사상식사전, "1만 시간의 법칙"
https://terms.naver.com/entry.naver?docId=3566529&cid=43667&categoryId=43667

**책 백 권 읽고 하게 된 수수방관 육아
그리고 성공한 엄마표 영어**

초판 1쇄 발행 2023년 6월 7일

지은이 정은애
ⓒ정은애

책임 편집 장서영
디자인 장서영
마케팅 윤수영

펴낸이 정은애 **펴낸곳** 세리 **신고번호** 제 2023-000008 호
주소 대구 달구벌대로 1943, 상가3층 **전화** 010-4694-3280
이메일 seribooks1@naver.com **팩스** 070-7966-3282

ISBN 979-11-983166-0-8 03590

책값은 뒤표지에 있습니다.